Beate Helm

Psychologische Astrologie

Ausbildung Band 18

Chiron

Die Urwunde – Der innere Heiler

Satya-Verlag

Copyright © 2015 Satya-Verlag, Bremen

Das Werk einschließlich aller Inhalte ist urheberrechtlich geschützt. Alle Rechte vorbehalten. Nachdruck oder Reproduktion (auch auszugsweise) in irgendeiner Form (Druck, Fotokopie oder anderes Verfahren) sowie die Einspeicherung, Verarbeitung, Vervielfältigung und Verbreitung mit Hilfe elektronischer Systeme jeglicher Art, gesamt oder auszugsweise, ist ohne ausdrückliche schriftliche Genehmigung des Verlages untersagt. Alle Übersetzungsrechte vorbehalten.

Titelbild: Christos Georghion (fotolia.com)
Horoskopzeichnungen erstellt mit dem Programm Astrocontact Astroplus (www.astrocontact.at)

Haftungsausschluss

Die Benutzung dieses Buches und die Umsetzung der darin enthaltenen Informationen erfolgt ausdrücklich auf eigenes Risiko. Der Verlag und die Autorin können für Schäden jeder Art, die sich bei der Anwendung der in diesem Buch aufgeführten Informationen, Empfehlungen und Übungen ergeben, aus keinem Rechtsgrund eine Haftung übernehmen. Haftungsansprüche, Rechts- und Schadenersatzansprüche sind daher ausgeschlossen. Für die Inhalte von den in diesem Buch abgedruckten Internetseiten sind ausschließlich deren Betreiber verantwortlich. Verlag und Autorin distanzieren sich daher von allen fremden Inhalten. Zum Zeitpunkt der Verwendung waren keinerlei illegalen Inhalte auf den Webseiten vorhanden.

ISBN: 3-944013-45-X
ISBN-13: 978-3-944013-45-9

WICHTIGE HINWEISE

Die in dieser Buchreihe aufgeführten Methoden, Therapien und Übungen dienen der Persönlichkeitsentwicklung und Selbstheilung. Sie unterstützen darin, Bewusstheit in sein Leben zu bringen und eigenständig seine inneren Potenziale umzusetzen.
Mit der Heilung oder Linderung körperlicher Beschwerden und psychischer Erkrankungen können diese Methoden und Übungen nicht in Zusammenhang gebracht werden. Wenn in dem vorliegenden Buch in der Medizin gebräuchliche Begriffe wie Heilung, Therapie oder Diagnose verwendet werden, so ist dies nicht im Sinne der Schulmedizin und des Heilpraktikergesetzes, sondern im auf den seelisch-geistigen Bereich übertragenen Sinn zu verstehen.

INHALTSVERZEICHNIS

	Dank	A
1	Umsetzungsformen und Verwirklichungsfelder	1
2	Die Wunden im Horoskop	4
3	Die 12 Chiron-Konstellationen	9
4	Transite des Chiron	75
5	Chiron bei der Partnerschaftsanalyse	80
6	Chiron-Analyse und –Synthese von Yogananda	84
7	Analysebogen Chiron	89
8	Chiron - Fragebogen	91
9	Lösungen	94

DANK

Mein Dank gilt in der Astrologie sehr vielen Autoren, die mich in den letzten 30 Jahren inspiriert haben. Eingestiegen bin ich mit Wolfgang Döbereiner. Am meisten beeinflusst hat mich immer wieder Peter Orban. Besonders danke ich meinen Eltern Karl und Irene und meinen Geschwistern Uwe und Claudia, die auf meinem sehr unkonventionellen Lebensweg immer fest an meiner Seite standen.

1. UMSETZUNGSFORMEN UND VERWIRKLICHUNGSFELDER

Grundeigenschaften

- Die Urwunde
- Der innere Heiler
- Der Lehrer der Heilweisen
- Der Punkt der Demut
- Bewusste Verbindung zwischen Saturn und den Transsaturniern

Aktive Form

- Seine Urwunde herausfühlen und bewusst damit Kontakt aufnehmen
- Den tiefen und großen Schmerz, der dabei mit auftaucht, auf sich nehmen
- Sich selbst darin trösten
- Seine grundlegenden Heilmethoden für diese Urwunde herausfinden
- Die ganz persönliche Version davon in sich auftun
- Sich als die größte Heilkraft in seinem Leben erkennen
- Den Einklang mit dem Ganzen wahren und pflegen, indem man dessen unterstützende Gaben für die Heilung annimmt (Pflanzenstoffe, Mineralien, feinstoffliche Mittel, auch Menschen, die bei größten Stockungen helfen)
- Wenn das bewusste Wesen nicht mehr weiter weiß und der innere Heiler gerade nicht präsent ist (nicht in Kontakt genommen werden kann), das

Unterbewusstsein sprechen lassen (innere Reisen unternehmen; innere Bilder entstehen lassen; künstlerischer Ausdruck etc).
- Seine Erfahrungen auf seinem persönlichen Heilsektor und in der Wiederverbindung mit dem inneren Heiler nach außen geben; andere darin unterstützen, sich selbst zu heilen
- Die Möglichkeit wahrnehmen und nutzen, durch den Schmerz seiner Chironwunde (wieder) Demut in sein Leben einziehen zu lassen
- Den Übergang zu den Transsaturniern eigenständig in Angriff zu nehmen und deren Kräfte nach und nach als die eigenen / in der eigenen Form integrieren.

Passive Form

- Seine Chironwunde immer wieder von außen aufgerissen bekommen
- Durch übermäßiges Ausagieren in seinem Chironbereich seine Wunde ständig überdecken wollen
- Das schwarze Loch noch größer werden zu lassen
- Den Heiler und Therapeuten ausschließlich im Außen zu suchen
- Zu Demut schmerzhaft gezwungen zu werden, anstatt sie freiwillig zu empfinden
- Unsanft und als Opfer in Richtung der transsaturnischen Planetenkräfte gezogen und gestoßen werden.

DIE VERWIRKLICHUNGSFELDER

1. Die Urwunde

In welchem Lebensbereich befindet sich meine Urwunde, das selbst zu heilende schwarze Loch in meinem System?

2. Die (Selbst-)Heilung

Welche Arten der Heilung ergeben sich aus gerade dieser Form der Urwunde?
Welche Heilkräfte sind in besonderer Weise in mir vorhanden und stehen zur Entwicklung an?

3. Der Punkt der Demut

Durch welche Ereignisse, Eigenschaften und Verhältnisse wird Demut vor dem Leben, vor dem Alles bei mir bewirkt?

4. Die Verbindung Saturn-Transsaturnier

Wie kann am besten Kontakt aufgenommen werden mit den transsaturnischen Kräften? Welche Eigenschaften und Fähigkeiten können die Brücke zu ihnen schlagen?

2. DIE WUNDEN IM HOROSKOP

Die grundlegenden Wunden im Horoskop wurden bis zur Entdeckung Chirons (1.11.1977 10.00 PST, Pasadena, USA) allein durch die Schattenseiten von Saturn, Uranus, Neptun und Pluto ausgedrückt:

SATURN

Mangel an Anerkennung und Bestätigung, an Achtung und Respekt; unmenschliche Härte und Ansprüche.

Heilung: eigene Ordnung und Struktur, klare Zielsetzungen, Entwicklung von Realitätssinn, Herauskristallisieren der puren Essenz, Zulassen seines Ehrgeizes; Aufbau des eigenen Rückgrats; in eine greifbare Form bringen.

URANUS

Dauerdistanz; auf dem immer kühler werdenden Wölkchen sitzen, wegfliegend von aller Sonne, Wärme und Lebendigkeit; der personifizierte Eisblock.

Heilung: Befreiung von inneren und damit gleichzeitig äußeren zu fixen Bindungen und Selbstbegrenzungen; Zulassen seiner Verrücktheit; freiwilliges Herstellen von Abstand und Distanz; sich aus der Gewöhnlichkeit herausheben; Engagement für eine überpersönliche Aufgabe und Vision.

NEPTUN

Abwesenheit, Ungreifbarkeit; Außenseiter; ausgestoßen, verlacht und gehänselt; im Nebel für sich und die Welt verlorengegangen.

Heilung: sich bewusst in die unfassbare Welt des Nichtmateriellen einfühlen und darin auflösen; seine Unvernunft zulassen; seiner Intuition trauen; seine Sehnsüchte verwirklichen, sein Anderssein an die Oberfläche gelangen lassen und kanalisieren; All-ein-sein.

PLUTO

Kontrolle, Manipulation, subtile Dominanz, Sadismus, Fremdbesetzung, Machtmissbrauch.

Heilung: Reintegrationsarbeit; bewusste Konfrontation mit Extremen, Tod, Grenzerfahrungen; Abschiede und Wandlungen; die Kreise des Lebens erkennen und akzeptieren (in jedem Anfang ist schon das Ende beinhaltet); in seiner Macht stehen; innere Alchemie.

CHIRON

Chiron symbolisiert nun keine bestimmte Form von Wunde, sondern die Urwunde schlechthin, das grundlegende Leck im menschlichen System, eine Wunde gleich dem Fass ohne Boden, die zuerst sogar noch größer zu werden scheint, je tiefer man sich in sie hinein wagt, je mehr man sich ihrer annimmt und sie versorgen möchte. Aufgrund dieses großen Schmerzes wird man auch mehr als sonst gezwungen, eine Lösung zu finden und eine immense

Heilkraft zu entwickeln.

Daher zeigt die Position von Chiron nicht nur auf die tief wühlende Wunde, sondern gleichzeitig auf den Weg, um durch eigens mit an die Oberfläche gebrachte und entfaltete Heilkräfte diese langsam mehr und mehr zu schließen. Der Schmerz lehrt in gleicher Weise die eigenen heilenden Fähigkeiten. Diese nicht nur für sich anzuwenden, sondern auch nach außen zu bringen, zu zeigen, zu lehren, hieße Chirons Vorbild aus der Mythologie zu folgen, der Lehrmeister von Größen wie Asklepios, dem Gott des Heilens war.

Er wurde von einem vergifteten Pfeil verletzt und konnte sich nicht mit seiner Heilkunst, wohl aber mit dem Verzicht auf seine göttliche Unsterblichkeit zugunsten des gequälten Prometheus retten. Zuletzt endete er dank Zeus als Sternbild am Himmelszelt.

Chiron wird aufgrund seiner Verbindung zur Heilkunst und Bildung meist der Jungfrau und/oder dem Schützen zugeordnet. Dies ist mir zu eng, kann aber dennoch so übernommen werden. Ich persönlich betrachte Chiron als viel weiter und entlasse ihn aus jeder festen Zuordnung, genauso wie er in der Astronomie aus einem anderen Reich kam und wieder gehen wird, wenn er seine Lehren verbreitet hat. Er symbolisiert für mich in erster Linie das brachliegende und zu aktivierende Heilpotenzial eines jeden, das er selbst wie auch die Weltengemeinschaft so dringend in entwickelter Form benötigt.

Zur Zeit der Entdeckung Chirons (1977) begannen alternative, natürliche Heilweisen entdeckt zu werden und wieder Einlass zu finden im Wesen des Menschen. Man begann zunehmend, sich von der mechanisierten, entmenschlichten Symptombehandlung der Schulmedizin abzuwenden und nach naturverbundenen Methoden der Heilung zu suchen, auch seine eigene Kraft des Heilens wiederzuentdecken und sich nicht länger nur an der Autorität des Arztes oder Heilpraktikers auszurichten. Man kam auf die Spur seines inneren Heilers.

Da Chiron sich allerdings trotz seiner Heilkräfte dennoch nicht selbst heilen konnte, sondern nur durch das Ablassen von seiner Position als Gott seinen Segen erfuhr, ruft er auch zu einem hohen Maß an Demut gegenüber dem Leben, zur Rücknahme des Glaubens an eine Form von Omnipotenz auf, zur Rückfindung an einen Ort der Stille, von dem wir kamen und zu dem wir auch zurückkehren werden. Jeder weiß, wie sehr ein Dauerschmerz wieder auf den Boden bringt und seine Menschlichkeit in all ihren Schwächen an die Oberfläche befördert.

Chirons Bahn verläuft sehr unregelmäßig zwischen Saturn und Uranus. Dies weist auf die Fähigkeit hin, nicht nur bzgl. der Planeten-Energien bis zu Saturn eigenmächtig sein Leben zu gestalten, sondern auch darüber hinaus Bewusstsein zu entwickeln und sich mit den Kräften von Uranus bis Pluto selbst anzufreunden, anstatt sie lediglich von außen präsentiert zu bekommen.

Chiron hilft somit auch, Saturns Grenzen zu überschreiten und in die Welt, die dahinter kommt, bewusst einzutauchen, aber gleichzeitig auch die hochgeistigen Inspirationen und rebellischen Triebe des Uranus, die Träume des Neptun und die extreme Echtheit, Wahrheitssuche und Wandlungskraft des Pluto ins Reich der Materie und Realität, der (saturnischen) Fassbarkeit zu bringen.

Inzwischen wurden noch weitere Kleinplaneten entdeckt, von denen Pholus der bekannteste ist. Seine Bahn bewegt sich zwischen Saturn und Neptun, so dass man dazu übergehen könnte, Chiron als Bindeglied zwischen Saturn und Uranus einerseits und Pholus als Wegbereiter zwischen Saturn und Neptun zu interpretieren, was allerdings noch tieferer Erfahrungs- und Forschungsarbeit bedarf.
Wen der Kentaur Pholus in der Astronomie, Mythologie

und möglichen astrologischen Deutung interessiert, dem sei das Buch "Pholus" von Robert von Heeren und Dieter Koch empfohlen, in dem zusätzlich interessante Betrachtungen über Chiron zu finden sind.

3. DIE 12 CHIRON-KONSTELLATIONEN

1. CHIRON – MARS

Chiron im Widder
Chiron im 1. Haus
Aspekte zwischen Mars und Chiron
Aspekte zwischen Chiron und AC

Essenz

Verwundung und Heilmöglichkeiten in der Körperlichkeit, Sexualität und Männlichkeit.

Grundspannung

Heilkraft und Demut --- Durchsetzungskraft, Kampfgeist

Lösung

Der heilige/heilende Krieger.
Heilkräfte im körperlichen Bereich entwickeln bzw. mit Hilfe von körperlichen Methoden in sich kennenlernen.
Initiativen auf dem Heilsektor und Kampf dafür.

Selbstbild

Ich entwickle meine Männlichkeit, Dynamik,

Triebhaftigkeit und Durchsetzungskraft und kümmere mich um meinen Körper, daher kann ich meine innerste Wunde versorgen und meine Heilkräfte kennenlernen.

1. Die Urwunde

Körper und Aggression

Hier schwelt die Urwunde im Bereich Sexualität, Körper, Aggression und Männlichkeit.
Sie beruht auf barer physischer Kraftanwendung in den verschiedensten Variationen, ist der Schmerz der körperlichen Verletzung. Sie kann auch das Selbstverständnis bezüglich Männlichkeit und Potenz betreffen, ein Gefühl des Versagens oder des Nicht-Bekommens, das zu Rückzug oder zu überbordender, überfahrender (den Schmerz überdecken sollender) sexuellen Aktivität führt.

Die Chiron/Mars-Persönlichkeit kommt nicht weiter in ihrem Drang nach Selbstbehauptung und Durchsetzung ihres persönlichen Willens. Sie hat den Eindruck, ins Leere zu schlagen und ihre wallende Wut oder Triebhaftigkeit nicht an den Mann/die Frau bringen zu können. Sie bekommt nicht, was sie sich durch Kampf verdient zu haben glaubt, wozu sie voller Wucht auf den Tisch geschlagen und Blut vergossen hat. Oder sie begibt sich gleich in die Rolle des Opfers, das all die körperlichen Aggressionen ertragen muss, die auch in ihm ihr Dasein fristen, aber nicht nach oben gelangen können, weil sie unterbewusst weiß, dass sie damit in der gewohnten Form nicht landen kann.

Es herrscht das Gefühl, jeglicher Antriebs- und Durchsetzungskraft zu entbehren. Oder man verfällt ins Gegenteil und versucht einen übersteigerten Sex- und Kampftrieb an den Tag zu legen, um die darunter schmerzende Wunde nicht spüren zu müssen. Die bloße Impulsivität, die nackte

Gewalt, das rücksichtslose Vorpreschen wird jedoch die tiefe Verletzung letztendlich nur noch steigern, weil man nie das erreichen wird, was man sich in seinen Kopf gesetzt hat.

Das Verlangen, als der Größte und Tollste dazustehen, verläuft sich im Sand und findet keine Erfüllung, kann und darf bei dieser Konstellation nicht gestillt werden, da die Verbindung zur Demut und der Einsatz des Kampfgeistes als heiliger/spiritueller Krieger gelernt werden soll.

2. Die (Selbst-)Heilung

Körperarbeit / neue Heilweisen

Der wenn auch oft unangenehme Kontakt mit dem Körper, mit der Sexualität und ihrer männlichen Seite erfordert und ermöglicht eine Heilung auf genau derselben Ebene.

So wird sich die Chiron/Mars-Persönlichkeit am besten mit Körpertherapien (direkte Körperarbeit oder Massagen) jeder Art auseinandersetzen, mit so viel Methoden wie möglich experimentieren und auch selbst neue entwickeln oder für die Verbreitung neuer Heilmethoden kämpfen.

Auch sportliche Aktivitäten und jede Form der Bewegungsmeditation (besonders Kampfkünste) können sie in Wiederverbindung mit der konstruktiven Marsqualität bringen und Verletzungen auf dem Sektor Männlichkeit und Durchsetzungskraft aufspüren und soweit es geht, heilen. Hat sie genügend Stoff und Erkenntnisse auf dem gesamten Gebiet der Körperlichkeit und Sexualität gesammelt, könnte sie mit diesem Schatz nach außen gehen und als Lehrerin anderen Menschen mit ähnlichen Problemen zur Seite stehen.
Sie wird ihre Marskraft mit Chiron verbinden, indem sie Kämpfe und Körperaktivitäten bewusst als

Heilungsmöglichkeiten für sich erkennt und sie wiederum weitervermittelt. Ihre Heilmethode ist neben der Körperarbeit die Chirurgie, oder im übertragenen Sinne die Fähigkeit, Wunden von sich und anderen durch ihre Direktheit, Ehrlichkeit, Impulsivität zu öffnen, sie offensichtlich zu machen, als Grundstein jeder realen Heilung.

3. Der Punkt der Demut

Der körperliche Schmerz / die Niederlage

Körperliche Schmerzen lehren die Chiron/Mars-Persönlichkeit Demut vor dem Leben, machen sie weich und lassen sie wieder in Verbindung mit überpersönlichen Kräften gelangen.

Erst wenn die Durchsetzung ihrer Interessen vereitelt wird und nur noch Kampfeinsätze für die eigene Heilung oder auch anderer Menschen und Lebewesen dieser Welt fruchten, wird sich eine entspanntere Haltung einstellen und dem Leben mit mehr Demut begegnet werden können.

Niederlagen in Konkurrenzsituationen tragen außerdem dazu bei, sich in Bescheidenheit zu üben, ebenso wie Schwierigkeiten in der Sexualität oder ein missglücktes Auftrumpfen mit einer rein egozentrierten Mannhaftigkeit (auch in der Frau).

Jede Form der puren Impulsivität, die nicht in den Dienst der Wesenskräfte Chirons gestellt wird, ist vorherbestimmt, ins Leere zu laufen und nicht die gewünschten Resultate zu erzielen.

4. Die Verbindung Saturn-Transsaturnier

Der mutige Kampf

Die Chiron/Mars-Persönlichkeit engagiert sich mit Mut und Risikobereitschaft in ihrem Leben, um sich die Felder jenseits von Saturn zu erobern und neue Formen für deren Erscheinung in ihrem Wesen zu schaffen. Sie erkämpft sich eine Planetenkraft nach der anderen, bis sie sie auf ihrem persönlichen Terrain wiederfindet und konkret in ihrem Leben zum Ausdruck bringt.

Es sind demnach die Marsbereiche (körperliche Akte und Aktivitäten, Sex, Initiativen), die die Bühne abgeben für den Übergang von Saturn zu den Planeten außerhalb von ihm, die die Möglichkeit eröffnen, auch die Kräfte von Uranus, Neptun und Pluto bewusst in ihr System zu integrieren, genauso wie umgekehrt deren Konstellationen Erdung und praktische Umsetzung mit Hilfe der Marskraft erfahren können.

Konkrete Förderungen der Chiron/Mars-Persönlichkeit

- Die Wahrnehmung ihrer Wunden in den Marsbereichen fördern und zulassen

- Sich mit sämtlichen Formen der Körperarbeit und -therapie auseinandersetzen

- Ihre eigenen Methoden, neue Versionen dabei entwickeln

- Sich mit den neuesten Heilmethoden auf dem Markt beschäftigen

- Sport zur Unterstützung der Heilung ihrer Wunden bzgl. Männlichkeit

- Neubegründungen für Bewusstseinserweiterung und Selbstheilung

- Reiki als feinstoffliche Körperheilung

- Sexualität als Teil ihres Heilprogramms erkennen

- Jede Form der Bewegungsmeditation

- Einsatz der Durchsetzungsfähigkeit und des Kampfgeistes für natürliche Heilmethoden und die Verbreitung von Selbstheilungsmethoden bzw. sich auf diesem Bereich als Pionier betätigen

- Übergang von Saturn zu den Folgeplaneten mit Hilfe von kämpferischem Einsatz, Aktivität, Mut, Neugründungen und Risikobereitschaft

- Heilung heißt hier Körperverbundenheit, Triebhaftigkeit, Initiativen, Dynamik, Aktivität, Ehrlichkeit, Direktheit verbunden mit der göttlichen Kraft in sich.

2. CHIRON - STIER-VENUS

Chiron im Stier
Chiron im 2. Haus
Aspekte zwischen Venus und Chiron

Essenz

Verwundung und Heilung im Bereich Sicherheit, Abgrenzung, Finanzen und Genussfähigkeit.

Grundspannung

Heilkraft und Demut --- Bequemlichkeit, Sturheit, besitzen wollen, Gelüsten frönen, Sicherheitsorientierung.

Lösung

Einsatz seiner Sicherheit und Finanzen für Heilung in und außerhalb sich.
Naturverbundenheit als Teil der Heilung.
Sicherheitsgefühl aufgrund des Kontaktes mit dem inneren Heiler.
Geld mit Hilfe seiner Heilkräfte verdienen.

Selbstbild

Ich kann mich abgrenzen, das Leben genießen, bin in tiefer Verbindung mit der Natur und habe mir meine materielle Basis aufgebaut, deshalb kann ich in Kontakt mit meinen

Heilkräften gelangen und sie bestmöglich einsetzen.

1. Die Urwunde

Sicherheitsempfinden und Geld

Die Urwunden bei dieser Konstellation sind auf den Gebieten materielle Sicherheit und Sattheit, Abgrenzung und der Möglichkeit, sein Leben zu genießen, zu finden.

Die Chiron/Venus-Persönlichkeit hat tief innen das Gefühl, nie satt werden zu können, sondern spürt stets die Angst in sich, ohne Sicherheit und Versorgung in Existenznot vor sich hin darben und vegetieren zu müssen, einfach keinen festen Boden, kein eigenes Revier für sich abstecken, kein Eigentum erwerben zu können, das unvergänglich in ihren Händen bleibt.

Nichts scheint sicher. Jeder für sich geglaubte Besitz entgleitet wieder oder erscheint einfach nicht ausreichend. Der Run nach materieller Sicherheit wird bis zur Erschöpfung geleistet, der Geiz ist groß, doch bleibt das gewünschte Ergebnis aus. Vielleicht reißt sie sich immer mehr an scheinbaren Eigentümern an den Leib, häuft und hortet, schafft immense Vorräte und steht doch in ihren Augen immer wieder mit leeren Händen da, mit der Angst, des Hungers zu sterben und keine noch so kleine Genussfreude vergönnt zu bekommen.

2. Die (Selbst-)Heilung

Eigenwert

Wo kann hier die Heilung liegen? Was fehlt, ist die Erschaffung eines unvergänglichen Eigenwertes, eines

Sicherheitsgefühls, das von keinem mehr genommen werden kann, das fest in einem verankert ist. So muss die Therapie in diese Richtung gehen, sollte sich die Chiron/Venus-Persönlichkeit eine klare Wertetabelle erstellen und sich diese nach und nach mit umgesetzten Fähigkeiten auffüllen, sollte sich als Person mit ihrem inneren Schatz in Besitz nehmen und sich an dem festhalten, was ihr als Mensch an individuellen Qualitäten gegeben wurde, und damit zu innerer Ruhe und Versorgtsein finden. Diese Arbeit in sich wird sie befähigen, auch anderen Menschen auf der Suche nach diesem immerwährenden inneren Reichtum behilflich zu sein, und gleichermaßen nach einer Möglichkeit, ihn in äußeres Geld umzumünzen.

Die Suche nach irdischer Sicherheit wird verknüpft und verwoben mit den Heilkräften des Chiron, es wird Sicherheitsverlangen mit hoher Bewusstheit und Selbstheilung verbunden, indem man seinen Wert vielleicht auch darin erkennt, sich und andere Menschen bei dem Kontakt mit ihren tiefsten Wunden und deren langsamen Schließung zu unterstützen. Heilkunst kann zu seiner Sicherheit und auch Möglichkeit zum Gelderwerb gemacht werden.

3. Der Punkt der Demut

Schwierigkeiten mit Finanzen und Abgrenzung

Demut kann erwirkt werden durch anhaltende Schwierigkeiten im finanziellen Bereich oder die Unmöglichkeit, sich dem Leben genussvoll hinzugeben. Hier lernt man, seine gewohnte Göttlichkeit wieder abzulegen, da der Schmerz ins Unermessliche wächst und somit zwingt, auf die Erde und Realität zu gelangen.

Auch die ständige Verletzung eines abgesteckten Reviers, seiner Grenzen als Persönlichkeit führt zur Aufgabe und lehrt eine tiefe Demut vor dem Leben. Einfach nie ganz sicher sein zu können, die Unmöglichkeit, Wandel und Veränderungen zu verhindern, tragen ebenso dazu bei wie Probleme mit seiner Sinnlichkeit.

4. Die Verbindung Saturn-Transsaturnier

Innerer und äußerer Reichtum

Der Chiron/Venus-Persönlichkeit gelingt der Sprung von Saturn in Richtung eigener Bewältigung der Planeten jenseits von ihm mit Hilfe der Entfaltung ihrer inneren Werte, deren Umsetzung in Geld und auch äußeren Reichtum und die Fähigkeit der Abgrenzung.
Die Verbindung, die hier geschaffen werden muss, besteht zwischen irdischen Freuden und Gütern einerseits und der geistigen, heilenden Kraft des göttlichen Chirons andererseits. Mit Hilfe dieser Verknüpfung, mit der Ansammlung von inneren und äußeren Ressourcen wird es am einfachsten, sich an die Planetenkräfte nach Saturn bewusst anzuschließen und sie aktiv in ihr Leben zu integrieren.

Konkrete Förderungen der Chiron/Stier-Venus-Persönlichkeit

- Ihre Wunde bzgl. Sicherheit, Genussfähigkeit und Abgrenzungsvermögen fühlen und wahrnehmen

- Ihren inneren Schatz als einen Teil ihrer Selbstheilung heben und in Besitz nehmen

- Innere Werte als einzige Möglichkeit des realen Eigentums, der wirklichen Sicherheit erfassen und an die Oberfläche bringen

- Eigenwert durch ihre Heilkräfte gewinnen

- Gesundheitsbewusstsein und Heilen als Basis für ihre Finanzen einsetzen

- Andere darin lehren, ihren echten Wert, ihre innere Sicherheit und Ruhe und ihre Persönlichkeit als ihren Besitz kennen zu lernen

- Methoden ihrer Sinnlichkeit und Genussfreude herausfinden und in diesem Bereich zuerst sich und dann andere unterrichten

- Sich mit Hilfe ihres hohen Bewusstseins und ihrer heilenden Fähigkeiten abgrenzen

- In der Abgrenzung einen wesentlichen Punkt ihrer Selbstheilung sehen

- Mit Hilfe von Sicherheit, Besitz und sinnlichem Treiben über die Grenzen Saturns hinausgehen und die weiteren Planeten in ihren Energien sich einverleiben

- Heilung heißt hier, innere und äußere Sicherheit, sein Revier abstecken und nach außen verteidigen, seine inneren Werte in Besitz nehmen und zu Geld zu machen, immer im Gewahrsein ihres göttlichen Daseins.

3. CHIRON - ZWILLINGE-MERKUR

Chiron in den Zwillingen
Chiron im 3. Haus
Aspekte zwischen Merkur und Chiron

Essenz

Verwundung und Heilung durch Sprache, Kommunikation, Kontakte und Atem.

Grundspannung

Heilkraft und Demut --- Austausch, Wissen, Information, verbale Kontakte.

Lösung

Gespräche und Atem als Heilmethoden nutzen.
Wissen über Heilung erwerben und vermitteln.
Heilung auch in seiner geistigen Klarheit finden.

Selbstbild

Ich eigne mir Wissen an, suche den verbalen Kontakt mit meiner Umgebung, entfalte meine sprachlichen Fähigkeiten und lerne, frei zu atmen, daher kann ich am besten meinen inneren Heiler in mein Bewusstsein bringen und mir helfen lassen.

1. Die Urwunde

Austausch und Atem

Die Basiswunde dieser Konstellation befindet sich auf dem Gebiet der Kommunikation, der Ansammlung und Vermittlung von Wissen und Information, des verbalen Kontaktes und Austausches.

Die Chiron/Merkur-Persönlichkeit fühlt sich leicht unverstanden, missverstanden oder nicht genug wahrgenommen in ihrem Bedürfnis nach Kontakten, nach Gesprächen und in ihrer Art, sich sprachlich darzustellen und ihre Meinung zu vertreten. Sie erwirbt sich immer mehr an Wissen, verfügt über ein hohes Maß an Information und versteht es, sich auszudrücken, und doch findet sie nicht den Anschluss und den Austausch, den sie sich so tief innen wünscht.

Sie lernt Sprache als ihren Schmerz, ihre Dauerwunde kennen und spüren und wird daher dazu angehalten, auch hier so viele Heilmethoden wie möglich aufzutun, sich anzueignen und aus sich heraus zu entwickeln.

Das zweite Thema des Zwillinge-Merkurs ist der Atem, der Luftaustausch als körperliches Pendant zur verbalen Kommunikation. Probleme mit dem Atemtrakt (Atemnot, Erstickungsängste, Hyperventilation) wie auch der Stimmbildung sind weitere typische Wunden dieser Konstellation.

2. Die (Selbst-)Heilung

Heilwissen, Gesprächs- und Atemtherapie

Die Chiron/Merkur-Persönlichkeit sollte jede Möglichkeit nutzen, sich im Heilsektor der Sprache und des mentalen Trainings umzusehen, schlau zu machen und herauszufinden, was ihre Art und Weise ist, Heilkräfte in sich zu entfalten und langfristig auch damit nach außen zu treten, um anderen zu helfen, mit Schwierigkeiten im sprachlichen Kontakt besser fertig zu werden. Auch verfügt sie über das Potenzial, Kontakt zu weisen Heilern aufzunehmen, die der Kosmos bietet, d.h. sie hat Zugang zu verschiedenen Heilmethoden und -informationen, die sie intuitiv erreichen.

Zudem gibt natürlich die gesamte Palette an Atemtherapien ein Feld ab, mit dem sich diese Persönlichkeit auseinandersetzen sollte, um ihren tiefen Verletzungen näher zu kommen und Wege zu finden, sie mehr und mehr zu kurieren. Auch dieser Erfahrungsschatz kann von ihr nach außen getragen und an andere Menschen mit ähnlichen Schwierigkeiten weitergegeben werden.

Sie sollte ihre geistigen und sprachlichen Fähigkeiten mit einem höheren Bewusstsein und ihren heilenden Fähigkeiten verknüpfen, um dieser Konstellation gerecht zu werden, sollte entweder mit Worten, mentalen Methoden oder Atemtherapie zuallererst an sich arbeiten und dann erst andere darin anleiten.

3. Der Punkt der Demut

Kontaktschwierigkeiten und Atemprobleme

Demut lehren sie Probleme mit der Sprache, dem Wissen und dem Atem. Hier wird sie zu mehr Bodenhaftung angehalten, zu mehr Abgabe ihres göttlichen Selbstbildes, wird angeregt, auch sensibel für ähnliche Schmerzen anderer Menschen zu werden und sich für sie genauso einzusetzen wie sie es zuvor für sich selbst getan hat.
Schwierigkeiten, verbale Kontakte zu knüpfen, frei zu sprechen und durchzuatmen, klar zu reden (bzw. zu schreiben),

sich verständlich zu machen und ihre eigene Meinung zu artikulieren, weisen ihr immer wieder den Weg in eine demütigere Haltung gegenüber dem Leben.

4. Die Verbindung Saturn-Transsaturnier

Geistige Kräfte und Kommunikation

Der Übergang von Saturn in Richtung Uranus wird mit Hilfe von kommunikativen und geistigen Fähigkeiten bewerkstelligt, mit ihrem Können, mit anderen Menschen sich auszutauschen, mit ihrem großen Repertoire an intellektuellem Wissen, das mehr und mehr durch intensive Heilerfahrungen erweitert und vertieft wird.

Die Chiron/Merkur-Persönlichkeit benutzt am besten ihren Kopf und ihre Sprache, um sich mit den Transsaturniern anzufreunden und sie in ihr Leben nach und nach zu integrieren, um die Brücke zu den Inhalten und Kräften zu schlagen, die lange Zeit als fremdes, unergründliches Schicksal "wüteten".

Konkrete Förderungen der Chiron/Zwillinge-Merkur-Persönlichkeit

- Verbale Kontakte, Sprache, Wissen und Austausch als Gebiet ihrer Basiswunde fühlen und annehmen

- Sich mit jeder Art der Gesprächs- und Atemtherapie auseinandersetzen

- Eigene Methoden in diesen therapeutischen Bereichen in sich finden

- Worte als Heilmittel anwenden (Gespräche, Biblio- und Poesietherapie, Affirmationen etc.)

- Wissen um natürliche Heilweisen aneignen und verbreiten

- Ihr intellektuelles Wissen mit ihrem hohen Bewusstsein verknüpfen

- Saturns Grenzen mit Hilfe der sprachlichen und geistigen Fähigkeiten überwinden, aber auch die transsaturnischen Kräfte mit Hilfe von Wort und Schrift auf die Erde bringen

- Heilung heißt hier, ihre Formen des verbalen Ausdrucks und Austausches finden und auch anderen dabei zu helfen.

4. CHIRON – MOND

Chiron im Krebs
Chiron im 4. Haus
Aspekte zwischen Mond und Chiron
Aspekte zwischen Chiron und IC

Essenz

Verwundung und Heilung im Gefühlsreich, der Mütterlichkeit und inneren Versorgung.

Grundspannung

Heilkraft und Demut --- Suche nach Geborgenheit und Heimat

Lösung

Heilung der Gefühlswelt.
Heilkräfte in der inneren Quelle von Geborgenheit und (Selbst)Fürsorge auftun.
Mit Heilkräften und -fähigkeiten versorgen.
Heimat in seinen heilenden Fähigkeiten finden.

Selbstbild

Ich habe meine Art und Weise gefunden, mich gefühlsmäßig selbst zu versorgen, und lebe meine Form von Familie, Entspannung und Hingabe, daher kann ich in Kontakt mit meinem inneren Heiler treten und diese wunden Bereiche in mir (und anderen) noch besser auskurieren.

1. Die Urwunde

Verwurzelung und Geborgenheit in sich

Das schwarze Loch bei dieser Konstellation betrifft die Gefühle, die inneren Wurzeln, Familien- und Mutterbindungen. Die Chiron/Mond-Persönlichkeit empfindet ein tiefes Defizit an Gefühlszuwendung, fühlt sich wie ein kleines Kind, das auch nicht durch ein höchstes Maß an Versorgung von Gefühl und Zärtlichkeit sei es durch sich selbst oder andere aufgefüllt und zufrieden gemacht werden kann.

Das Gehaltenwerden, die Urgeborgenheit, das Wissen, sich emotional fallenlassen zu können und aufgehoben zu sein, fehlen und machen den Aufbau von durch Vertrauen geprägten Gefühlsverbindungen sehr schwer. Immer wieder fällt sie in die unerträgliche Bedürftigkeit, die kein Mensch auf der Welt stillen kann, sucht nach einem sicheren Nest, nach einer Familiensituation, die ihr diese Wärme schenkt, nach der ihr so tief dürstet. Doch es wird sich im Außen keine Lösung finden, so dass sie langsam, wenn auch tränenreich und voller Trauer, den Blick nach innen wenden und am Aufbau eines eigenen Wurzelwerkes arbeiten muss.

2. Die (Selbst-)Heilung

Die Bedürftigkeit des inneren Kindes stillen

Es gilt für sie, sich mit jeder Möglichkeit der Heilung des inneren Kindes auseinanderzusetzen und davor, zuallererst noch einmal tief in den Schmerz der Gefühlswunde einzutauchen, heraus zu spüren, was dieses Kind wirklich will und wie sie ihm etwas zur Linderung seiner Schmerzen schenken und tun kann.

Diese lange Reise durch ihre innere Welt ist die Ausgangsbasis für den Heilprozess. Sie ist unausweichlich und es sollte - wie bei jeder Chironkonstellation - der Versuchung widerstanden werden, sich in Projektion der inneren Wunde nach außen ersatzweise um andere Menschen zu kümmern, um das eigene Weh nicht mehr zu sehen und wahrnehmen zu müssen. Erst wenn der Grundstein im eigenen Gefühlsleib gelegt ist, wenn sie es wagte, sich an diesen inneren See der Traurigkeit und Empfindsamkeit zu erinnern und ihn in liebevoller Zuwendung in ihr bewusstes Wesen wieder aufzunehmen, wenn sie ihre ganz eigene Form des Umgangs mit diesem verletzten Kind aufgetan und entwickelt hat, ist es soweit, damit nach außen zu gehen und auch anderen Menschen mit denselben inneren Schmerzen zu helfen, sich mehr und mehr selbst zu versorgen und ihre Wunden zu kurieren.

Diese Arbeit mit dem inneren Kind hängt von der restlichen Position Chirons und seinen Aspekten ab. Diese werden Auskunft geben über die Art der Versorgung für dieses Kind, wie es am besten genährt und aufgepäppelt werden kann. Die daraus erkennbaren Maßnahmen und Therapieformen sollten ausprobiert werden, solange bis genau die korrespondierende gefunden ist. Hier kann die Chiron/Mond-Persönlichkeit dann Meisterin im Heilen werden.

3. Der Punkt der Demut

Der Schmerz des einsamen Kindes

Zu Demut gegenüber dem Leben gelangt sie durch emotionale Verwundungen und ihre unstillbare Bedürftigkeit, ihre ausgestreckten Arme nach Geborgenheit und zärtlicher Umarmung, die so selten von außen Antwort und Nahrung erhalten haben.

Es ist der Schrei in das Dunkel der Stille, der Abwesenheit aller emotionalen Zuwendung, der in ihr auftaucht, sie wachrüttelt und erbarmungslos durchdringt, der sie an ihre Menschlichkeit erinnern soll. Der ihr ins Gedächtnis ruft, welche Schmerzen in ihr lautlos toben und nach Umsorgung von ihrer Seite her rufen.

4. Die Verbindung Saturn/Transsaturnier

Der Fluss der Gefühle

Es ist auch ihr Gefühl, ihr Verständnis, ihre Fürsorge für sich und andere, die ihr dabei hilft, von Saturn in die Sphären der entfernteren Planeten zu gelangen und diese aktiv zu manifestieren, anstatt sie von außen in negativer Weise geliefert zu bekommen und sich nur als Opfer der anderen zu fühlen.
Die gesamte Mondwelt kann hier nur zur Entfaltung gelangen, wenn die hohe Bewusstheit und das Heilpotenzial sowie die Vermittlung der entwickelten heilenden Fähigkeiten mit ihr verbunden werden. Die Chiron/Mond-Persönlichkeit wird lernen, ihr Zuhause, ihre Heimat auch in ihren heilenden Energien und Kräften zu finden.

Konkrete Förderungen der Chiron/Mond-Persönlichkeit

- Ihre Wunde in dem Leck ihrer Versorgung durch Gefühl und Zärtlichkeit erkennen und annehmen

- Ihre Wurzeln nicht länger im Äußeren suchen (Familie, Heimat, Mutter), aber die familiäre Zuwendung, die da war, sehen und würdigen (systemische Therapie)

- Sich langsam ein eigenes Wurzelwerk wachsen lassen

- Die Heilung des inneren Kindes als Basis dafür nehmen

- Jede Form der emotionalen Psychologie nutzen

- Eigene Formen in diesem Bereich selbst entwickeln

- Sich selbst versorgende Mutter sein und langsam darin Vertrauen aufbauen

- Ihre Methoden der inneren Heilung finden, bei sich anwenden und auch in deren Anwendung andere lehren

- Den See der inneren Traurigkeit ausfindig machen und zum Fließen (durch Weinen) bringen

- Innere Sicherheit und Geborgenheit auch durch die Bereiche, in denen Chiron sonst noch wirkt, bewusst herstellen

- Familientherapie

- Kinderpsychologie

- Heilung mit Hilfe der Außenfaktoren natürliche Ernährung und baubiologisches Wohnen

- Über Saturn hinausgehen mit Hilfe des tiefen Kontakts zur inneren Welt und ihren Gefühlen

- Heilung heißt hier, alle Gefühle fließen lassen, sich seinen Hort der Geborgenheit schaffen, Familie und Wärme in sich suchen und auch anderen in diesem Prozess helfen, immer Eingedenk der ewigen göttlichen Versorgung auf allen Ebenen.

5. CHIRON – SONNE

Chiron im Löwen
Chiron im 5. Haus
Aspekte zwischen Sonne und Chiron

Essenz

Verwundung und Heilung durch individuelle Selbstentfaltung.

Grundspannung

Heilkraft und Demut --- Ego, Einzigartigkeit, Selbstausdruck.

Lösung

Heilung durch schöpferische Darstellung seiner Individualität.
Heilmethoden zur Herausbildung des Selbstbewusstseins und seiner Einmaligkeit nutzen oder selbst kreieren.
Selbstbewusstsein auf seinen heilenden Fähigkeiten aufbauen.

Selbstbild

Ich gelange in Verbindung mit meinen einmaligen Begabungen und Kräften und verstehe es, ihnen kreativ Gestalt zu verleihen, deshalb kann ich mich (und andere) heilen.

1. Die Urwunde

Selbstbewusstsein

Die Urwunde dieser Chironposition zeigt sich auf dem Gebiet des Ausdrucks der Individualität, der Einmaligkeit, des Aufbaus eines gesunden Egos und dem daraus resultierenden Selbstbewusstsein, seiner kreativen Männlichkeit wie auch der Sexualität (hier: der Sexakt als Ego- und Zeugungsprozess).

Das Fass ohne Boden heißt hier das Bedürfnis, seine Einzigartigkeit herauszufühlen, in immer neuen Formen zu manifestieren und dabei den Eindruck zu haben, sie doch nie in seinen Werken genau getroffen zu haben. Dazu kommt der Trieb nach Beifall, Lob und Applaus für die Produkte, die man geliefert hat, der nie befriedigt werden kann. Man fühlt sich verkannt, in seinem Genius nicht verstanden, fühlt sich übersehen trotz seiner beeindruckenden Produktionen. Keiner scheint sich um die Bedeutung derselben zu kümmern, keiner scheint es wichtig zu finden, diesem Menschen zu helfen, sein inneres Gold auszugraben und in seinem Leben Gestalt annehmen zu lassen, damit er es stolz präsentieren kann. Niemanden scheint diese Besonderheit zu interessieren.

2. Die (Selbst-)Heilung

Seine Einmaligkeit hervorbringen

Diese Wunde muss ganz tief in sich von der Chiron/Sonne-Persönlichkeit wieder aufgespürt und erfühlt werden. Erst wenn sie diesen Schmerz wahrnimmt, wird sie dazu angetrieben, sich zum eigenen Therapeuten ihrer grundlegenden Verletzung zu machen und so viele Möglichkeiten zur

Selbstentfaltung, wie sie entdecken kann, für sich anzuwenden. Mit der Zeit wird sie ihre speziellen Formen herausgefunden haben, wie sie in Kontakt zu ihren individuellen Qualitäten gelangt und diese in einen unübersehbaren schöpferischen Akt einfließen lässt, wie sie gleichzeitig daneben steht und sich selbst dafür lobt und in den Himmel hebt.

Ist dieser schwierige Weg beschritten und wurden die speziellen Arten der Selbstfindung und Selbstentfaltung für sich gefunden, kann die Chiron/Sonne-Persönlichkeit nach außen gehen und auch anderen Menschen Unterstützung anbieten auf ihrer Suche nach ihrer tatsächlichen Persönlichkeit, nach Eigenständigkeit und Handlungsfähigkeit, nach der Fähigkeit, ihre Egokräfte, ihre Strahlkraft und ihr Selbstbewusstsein hervorzubringen und zu stärken. Dies kann vor allem durch künstlerische oder andere kreative Aktionen geschehen.

3. Der Punkt der Demut

Verletzter Stolz und Verkennung ihres Genies

Die Chiron/Sonne-Persönlichkeit lernt, was Demut ist, wenn sie zu selbstbezogen wird und in ihrer Eitelkeit, ihrem Stolz immer wieder verletzt wird, wenn ihr einfach niemand ihre Besonderheit abkaufen möchte, wenn sie lernen muss, ihre Erkenntnisse zur Selbstverwirklichung, für den Aufbau eines gesunden Selbstbewusstseins auch an andere zu vermitteln und ihre individuellen Qualitäten mit einem hohen Bewusstsein zu verknüpfen.

Sie wird von ihrem göttlichen Thron gehoben, wenn sie mal wieder feststellen muss, dass ihre löblichen Kreationen nicht den gewünschten Anklang finden, wenn man ihre grandiosen schöpferischen Leistungen missachtet und sie dadurch dazu aufgerufen wird, ihre Kreativität mit ihren heilenden Energien zu verbinden.

4. Die Verbindung Saturn-Transsaturnier

Eigenständigkeit

Der Sprung von Saturn zu Uranus und co. gelingt der Chiron/Sonne-Persönlichkeit am besten mit ihrer Selbständigkeit und dem Einsatz ihrer ganz speziellen Eigenschaften und Talente. Wenn sie ihre Individualität an die Oberfläche befördert und zu einem kreativen Akt werden lässt, wenn sie Wert auf ihre besondere Note legt und diese im Einklang mit ihren Chiron-Fähigkeiten zum Einsatz bringt, ist die Brücke zu der Welt jenseits Saturn am leichtesten zu schlagen. Auch Sexualität und Vaterschaft (als Wärme spendende, herzliche Begleitung von Kindern durch Mann und Frau) gehören mit zu diesen Möglichkeiten.

Konkrete Förderungen der Chiron/Sonne-Persönlichkeit

- Ihre Wunde in der mangelnden Beachtung und Förderung oder Belobigung ihrer Einmaligkeit und ihrer Werke spüren und annehmen

- Alle Aufmerksamkeit auf die Selbstentfaltung und deren schöpferischen Selbstausdruck verwenden

- Heilung durch Selbstverwirklichung

- Ein Unternehmen auf dem Gebiet der natürlichen Heilweisen

- Kunsttherapie

- Sich loben

- Jeder kreative Akt (Kinder, künstlerische Werke etc.)

- Heilung durch life-management

- Sich als Herrscherin und Königin über ihr Leben fühlen

- Wenn eigene Methoden zur Selbstentfaltung gefunden und angewendet wurden, in diesen auch andere Menschen unterrichten

- Über Saturns Grenzen zu gelangen durch reale Selbstumsetzung, Eigenständigkeit und Kreativität

- Heilung heißt hier, seine einzigartige Persönlichkeit ans Licht bringen, ihr zur Geburt verhelfen und auch andere darin unterstützen.

6. CHIRON - JUNGFRAU-MERKUR

Chiron in der Jungfrau
Chiron im 6. Haus
Aspekte zwischen Merkur und Chiron

Essenz

Verwundung und Heilung durch Vernunft und Ausrichtung an Zweck und Nutzen, durch eine passende Arbeit/Alltagsbewältigung und Perfektion.

Grundspannung

Heilkraft und Demut --- Analyse, Vernunft, Strategie.

Lösung

Heilung in und durch Analyse und Arbeit.
Heilen zu seiner Arbeit und seinem Dienst machen.
Sich mit Hilfe von innerer und äußerer Hygiene heilen.

Selbstbild

Ich habe meinen Lebensdienst und meine Arbeitsweise gefunden und mein Gesundheitsbewusstsein mit Hilfe von Vernunft und Analyse entwickelt und umgesetzt, deshalb kann ich mich (und andere) heilen.

1. Die Urwunde

Lebensdienst und Reinlichkeit

Die Urwunde bezieht sich hier auf die Fähigkeit, zu dienen, strategisch und zweckorientiert vorzugehen, Vernunft walten zu lassen, das Leben zu nutzen und seine Ereignisse klar einzuordnen und zu verarbeiten.

Trotz größten Einsatzes ihres rationellen, analytischen Geistes, um nur kein Detail auszulassen oder zu übersehen, um auch die kleinste Kleinigkeit zu zerlegen und zu zerpflücken, wird die Chiron/Merkur-Persönlichkeit dennoch nicht ohne weiteres ihr Ziel erreichen können, mit ihrer Vernunft das Leben vollkommen zu durchdringen und in den Griff zu bekommen. Ihr Bedürfnis, jedes Ereignis einordnen und mit einem Etikett versehen zu können, wird sich schwerlich stillen lassen, da das Leben einfach mehr ist, mit endlosen nicht rational erfassbaren Geschehnissen gespickt und weit über die Berechnung der Jungfrau hinausgehend.

Die Wunde sieht so aus, dass die Chiron/Merkur-Persönlichkeit immer wieder von der "Unordnung", dem Chaos und der Unvernunft überrollt wird und ihr Strategiegebäude wie ein Kartenhaus zusammenfällt.

Die zweite Wunde besteht in ihrem ausgeprägten, unstillbaren Reinlichkeitsbedürfnis auf allen Ebenen.

Der dritte Teil der Dauerverletzung betrifft den Bereich der Arbeit und des Dienens. Auch hier kann sie den Eindruck haben, nie genug tun zu können, nie ihrem Ideal an Dienstbarkeit gerecht zu werden, ihrem fast schon masochistisch anmutenden Aschenputteldasein, mit dem sie alles geben will, ohne irgendwo anzukommen, oder ihrem Workaholismus, der sie in immer größere Arbeitsanforderungen treibt, ohne dass sie deshalb die Belohnung erhält, endlich alles erledigt zu haben im Leben.

2. Die (Selbst-)Heilung

Dienen

Ihre Aufgabe, ihre Selbstheilung liegt dennoch gleichzeitig darin, ihren Dienst zu finden und jede Einzelheit ihres Lebens durchzuanalysieren, jedoch ohne die Relativität ihrer Persönlichkeit zu übersehen und sich in die Verbundenheit mit ihrer Heilkraft zu begeben.

Jegliche Methoden zur Selbst- und Lebensanalyse, zur rationellen Durchforstung ihres Lebens, zu innerer und äußerer Reinigung und Aufräumarbeit sollten studiert und angewendet werden. Auch stellt es für diese Persönlichkeit eine elementare (Heil)Aufgabe dar, ihre Arbeitsweise zu finden und in eine genau passende Form zu bringen.

Die Chiron/Merkur-Persönlichkeit sollte ihre drei Grundbereiche als tiefe Wunden für sich selbst erfassen (Einordnung und Etikettierung aller Geschehnisse; Arbeit und Dienen; Reinlichkeit) und alle verfügbaren Heilmethoden dazu erkunden, um dann mit ihren Entwicklungen anderen behilflich zu sein, sie zu lehren, diese Lebensgebiete selbst optimal zu gestalten und sich darin durch aktive Umsetzung ihres Potenzials zu heilen.

Sie besitzt die Fähigkeit, ein hohes Maß an Gesundheitsbewusstsein und Heilkraft zu entfalten und zu vermitteln, insbesondere durch Psychoanalyse, exakte Diagnostik und Reinigung (innen und außen). Ansonsten geben die übrigen Chironkonstellationen Aufschluss darüber, wie dieses noch differenzierter zur Entwicklung gebracht werden kann.

3. Der Punkt der Demut

Probleme bei der Arbeit und vernünftiger Einordnung

Demut erfährt sie bei Fehlschlägen im Arbeits- und Analyseprozess, beim Misserfolg der Anwendung der reinen Vernunft, ohne ihr hohes Bewusstsein einzuschalten und mit dieser zu verbinden.

Sie lernt, wieder auf den Boden des Menschseins zu gelangen, wenn sie trotz genauer Berechnungen und Untersuchungen, trotz emsigen Taktierens ihre Ziele nicht erreicht, sondern zu mehr Verknüpfung, zu geistiger Verwobenheit mit ihren heilenden Energien geführt wird.

Auch die Einsicht, dass selbst ein Waschzwang auf allen Ebenen nicht ausreicht, die zweite Seite des Lebens, das Unordentliche und Schmuddelige, das Unvernünftige und Ungreifbare auszusortieren, trägt dazu bei.

4. Die Verbindung Saturn-Transsaturnier

Ratio

Der Übergang, die Grenzüberschreitung von Saturn zu den Folgeplaneten eröffnet sich ihr vor allem durch ihr dienendes Wesen, genaue Detail orientierte analytische Betätigung und ihre rationelle, zweckorientierte Betrachtungs- und Verhaltensweise.

Konkrete Förderungen der Chiron/Jungfrau-Merkur-Persönlichkeit

- Ihre Grundwunde in den Bereichen Vernunft, Strategie, Arbeit, alles eingeordnet haben zu wollen, und Reinlichkeit erkennen und nachfühlen

- Jede Form der Psychoanalyse

- Exakte Diagnosen

- Alternative Diagnosemethoden (Kirlianfotografie, Kinesiologie, Moratherapie, Elektroakupunktur, Reflexzonentherapie)

- Fasten, Sauna, Lymphdrainage, Badeanwendungen, Schwitzen, Psychohygiene

- Sauberkeit auf allen Ebenen

- Heilungsstrategien

- Eigene Methoden zur Analyse und zur Reinigung für Körper, Seele und Geist finden

- Heilung im Leben genau ihrer Arbeitsweise und des Lebensdienstes erkennen

- In ihren zur Selbstheilung schon angewandten Methoden andere Menschen unterrichten

- Heilen zu ihrer Arbeit werden lassen

- Heilung heißt hier, Ratio und Analyse einsetzen und Reinigung auf allen Ebenen.

7. CHIRON - WAAGE-VENUS

Chiron in der Waage
Chiron im 7. Haus
Aspekte zwischen Venus und Chiron
Aspekte zwischen Chiron und DC

Essenz

Verwundung und Heilung durch Liebesbeziehungen und die eigene Form des Schönheitssinns und des inneren Gleichgewichts.

Grundspannung

Heilkraft und Demut --- Stil, Kunstsinn, Geschmack, Harmonie, Beziehungen.

Lösung

Heilen durch Gleichgewicht schaffen, Harmonie und Partnerschaft.
Beziehungen als Heilbereich.

Selbstbild

Ich lasse mich auf Beziehungen (= meine Beziehungsmuster) ein und finde meinen persönlichen Stil, Geschmack und inneren Frieden, daher kann ich mich in meinen Urwunden selbst versorgen und trösten.

1. Die Urwunde

Liebe und Aussehen

Die Urwunde bei dieser Konstellation betrifft die Partnerschaft, Beziehungs- und Liebesfähigkeit sowie Schönheit und Attraktivität. Der große Schmerz der Chiron/Venus-Persönlichkeit liegt in ihrem Gefühl, nie genügend Liebe bekommen zu können und dafür auch nicht liebenswert genug zu sein. Selbst wenn sie sich selbst oder ein Partner ihr wieder und wieder Zuwendung und Liebesgefühle zukommen lässt, bleibt diese ganz tiefe innere Leere, die unauffüllbar erscheint.

Anstelle sehr viel in Beziehungen zu investieren, um den anderen mit dem zu versorgen, was sie sich eigentlich für sich selbst wünscht, und dann mit leeren Händen dazustehen, sollte sie diese Liebesenergien eher sich selbst schenken und ihrem Wesen zukommen lassen, wonach es so stark dürstet, sollte sie beginnen, dieses innere schwarze Loch selbst zu stopfen.

Die zweite Wunde stellen Schönheit und Anziehungskraft dar. Hier klaffen Lücken im Selbstvertrauen und es wird alles unternommen, um noch mehr an Beauty und Attraktivität an den Tag zu legen und sich von seiner allerbesten Seite zu zeigen. Die Chiron/Venus-Persönlichkeit zieht alle Register und behält dennoch oft den Eindruck, immer noch das hässliche Entlein zu sein und keine Aufmerksamkeit für ihr Äußeres zu erhalten.

2. Die (Selbst-)Heilung

Die innere Partnerschaft

Zu ihrer Heilung gilt es für die Chiron/Venus-Persönlichkeit, die bisherigen Abhängigkeiten gegenüber dem Partner aufdecken und ausfindig machen, was sie genau beim anderen erhofft und ersehnt, und welche Möglichkeiten existieren, hier für sich selbst zu sorgen und Verantwortung zu übernehmen. In diesem Prozess der liebevollen Selbstversorgung lernt sie viel darüber, was ihre Form des Gebens und Liebens ist und wie sie diese entwickeln kann.

Des Weiteren erkennt sie die grundlegenden Formen der Interaktion in einer festen Verbindung und was sie ändern könnte, um hier mehr Befriedigung geben und auch empfangen zu können. Diese Lernprozesse wirken förderlich und heilsam auf ihre Beziehungsfähigkeit und geben ihr die Kompetenz und fast schon Aufgabe, ihre Erkenntnisse mit anderen zu teilen, die dieselben Schwierigkeiten in der Partnerschaft haben, dasselbe schwarze Loch in sich spüren, wie sie es anfangs tat.

Genauso wie ihr Schmerz in der Liebesbeziehung liegt, wurzelt dort ihre Heilung. Sie wird letztendlich erst in den Armen ihres Geliebten wirklich feststellen können, wie weit sie mit ihrer inneren Heilung der Beziehungswelt vorangekommen ist. Daher dienen Partnerschaften als die Haupthilfsmittel, als die Methode schlechthin, um im ständigen Spiegel und dem Zulassen eines Austausches von Liebe und Zuneigung sich immer tiefer kennen zu lernen, zu fühlen, aufzufüllen und die Wunden, die sie sich und anderen schon so oft geschlagen hat, zu lindern.

Im Bereich Schönheit kann sie sich mit dem gesamten Komplex Mode, Stil und Kosmetik auseinandersetzen und für sich herausfiltern, was gewinnbringend, verschönernd und für ihr Selbstbild auf diesem Sektor heilsam ist. Dazu sollte sie sich nicht den gerade vorgesetzten Moderegeln kritiklos verschreiben, sondern ihre Heilung darin sehen, ein genaues äußeres Abbild ihrer inneren Seelenlandschaft abzugeben, wenn sie sich schön macht.

Auch in diesem Punkt wird sie durch zunehmende Entdeckung ihrer wirklichen Schönheit in die Lage versetzt, anderen Menschen bei deren Suche danach zur Seite zu stehen und sie zu ermutigen, ihren Weg in Sachen Attraktivität zu finden und zu beschreiten.

3. Der Punkt der Demut

Ablehnung

Demut gegenüber dem Leben findet die Chiron/Venus-Persönlichkeit durch Beziehungsschwierigkeiten und das Gefühl, nicht schön und liebenswert zu sein - ihre alte Wunde, die sich nie ganz ausmerzen lassen wird.

Sie kehrt zurück auf den Boden des Menschseins, wenn sie sich abgelehnt und fern aller Zuneigung fühlt, wenn sie den Eindruck hat, dass die Welt sich von ihr abkehrt und kein Mensch da ist, der mit ihr sein Leben teilen möchte.

Sie wird hier umso weniger zur Demut gezwungen werden, sondern sie freiwillig empfinden, wenn sie ihre Suche nach Liebe nach innen gewendet hat und sich ihr Schönheitsideal nicht mehr an dem Üblichen orientiert, sondern Folge ihrer Echtheit und inneren Harmonie wird.

4. Die Verbindung Saturn-Transsaturnier

Gemeinsamkeit und Begegnung

Saturns Grenzen überwindet sie in denselben

Lebensbereichen der Partnerschaft und der Anziehungskraft, indem sie Selbstliebe entwickelt und dadurch in gleicher entgegenkommender Weise anderen Menschen begegnen kann wie sich selbst. Sie wagt sich eher mit einer geliebten Person in diese Sphären, als dass sie sich alleine auf den Weg macht.

Konkrete Förderungen der Chiron/Waage-Venus-Persönlichkeit

- Ihre größte Wunde in ihrer Beziehungswelt, ihrer Liebesfähigkeit und ihrer Attraktivität fühlen und annehmen

- Sich dieses inneren schwarzen Lochs bewusst werden und die Abhängigkeiten, die sich daraus für sie als Partnerin ergeben, herausfinden

- Ihre eigene Version zur Deckung dieser Defizite finden und entfalten

- Sich die Zuneigung schenken, die sie solange außen suchte, ohne sich deshalb gegenüber anderen zu verschließen
- die Ergebnisse der Arbeit mit sich und ihren Beziehungsmustern, die Art des Auffüllens der Defizite nach außen bringen und lehren

- Partnerschaften nicht nur als ihren Schmerz, sondern auch ihr Heilmittel sehen und sich so viel wie möglich - ohne die Selbstversorgung aus den Augen zu verlieren - auf sie einlassen

- Systemische Therapie

- Sich von den üblichen Auflagen der Mode und des Schönheitsideals abwenden und Wege auftun, um ihr Äußeres genauer Spiegel ihrer Innenwelt werden zu lassen und damit optimale (weil auf dieser Kongruenz beruhende) Anziehungskraft erreichen

- Auch die daraus gewonnenen Erkenntnisse an andere weitergeben, ihnen bei ihrer Heilung dieser Wunde helfen

- Saturns Grenzen hinter sich lassen mit Hilfe von Beziehungsfähigkeit und ihrer Partnerschaft

- Heilung heißt hier, sich und andere lieben und annehmen zu lernen, in ihre Arme zu schließen, sich auf Beziehungen einzulassen und ihre eigene Art der Schönheit zu entfalten, ihre Anziehungskraft durch die Gleichheit von innerer Natur und äußerer Erscheinung zu entwickeln, immer eingedenk der bedingungslosen, kosmischen Liebe, die ihr immer zuteilwerden wird, wenn sie sich dafür öffnet.

8. CHIRON – PLUTO

Chiron im Skorpion
Chiron im 8. Haus
Aspekte zwischen Chiron und Pluto

Essenz

Verwundung und Heilung durch den verdrängten Schatten und Opfer-/Täter-Erfahrungen.

Grundspannung

Heilkraft und Demut --- kompromisslose Suche nach der Wahrheit, Totalität, Wandlung, Wirkkraft.

Lösung

Heilung durch Wiederverbindung mit aus dem Bewusstsein abgedrängten Seelenanteilen.
Extreme Grenzerfahrungen mit sich bringende Heilmethoden.
Heilung durch tiefgehende Veränderungen.
Heilmethoden mit vollem, totalen Einsatz vertreten.

Selbstbild

Ich begegne meinem inneren Schatten und verbinde mich mit meinen dunklen Gestalten, ich bin in ständiger Wandlung, daher kann ich meine Heilkräfte erwecken.

1. Die Urwunde

Der Schatten

Hier liegt die Urwunde im Bereich des Wiederkontakts und der Aussöhnung mit dem inneren Dunkel, mit seiner verborgenen Schattenseite, mit dem Phänomen der Macht und der unzensiert gelebten Echtheit.

Die Chiron/Pluto-Persönlichkeit hat den Eindruck, noch so tief ihre Abgründe konfrontieren zu können und dennoch nie mit der Gesamtheit ihrer inneren Unterwelt in Verbindung zu gelangen. Sie wühlt sich nach unten, öffnet eine Tür nach der anderen, erschauert vor den wieder auferstehenden Gestalten, die sich dahinter so lange Zeit verborgen gehalten haben, und weiß trotzdem instinktiv, dass es immer tiefer hinab gehen und sie nie ankommen, nie richtig Ruhe finden wird vor den nach Aufmerksamkeit und Integration rufenden Schattenfiguren in ihrem Inneren.

Die Entdeckungen, die sie dabei macht, reißen alte, längst verheilt geglaubte Wunden auf, schmerzen tief und rufen ständige Wandlungen hervor durch die notwendig werdende Erweiterung und Veränderung ihres Selbstbildes. Auch dies schafft Unruhe, Unsicherheit und verhindert das geruhsame Niederlassen in dem, was sie als ihre Natur wähnt.

Wehrt sie sich gegen diesen freiwilligen Abstieg in ihre finsteren und doch so machtvollen Gemächer, so werden ihre Wunden von der anderen Seite Plutos geschlagen und sie macht unangenehme Bekanntschaft mit subtilen Manipulationen und Machtübergriffen, mit Dominanz und das Verschlingen durch ihre Mitmenschen. Sie wird ausgesaugt, des letzten bisschen Lebens beraubt in Abhängigkeitsverhältnissen der Täter/Opfer-Form. Hierbei kann sie beide Rollen spielen. Entweder sie verfällt als Opfer ihrem Herrn und Gebieter in seinem schwarzen Gewand, welcher

Art auch immer, oder sie macht sich abhängig vom anderen, den sie beeinflusst und in ihre Vorstellungen zwingt, wie ein Vampir von seinem Blut liefernden Opfer.

Zuletzt kann sie auch beide Spielarten gleichzeitig in ihrer eigenen Person übernehmen, indem sie ihre Lebendigkeit, Spontaneität und Emotionalität selbst ihren strengen Prinzipien und Ideen unterjocht und ihre Vorstellungen wichtiger nimmt als ihre wirkliche momentane Stimmung und Wesensart, eine elementare Spielart Plutos auf dem Weg zu echter Selbstbestimmung, bei diese Art dann nicht mehr gebraucht wird.

Die Täter-/Opfer-Thematik stellt auf jeden Fall einen Teil ihrer Verletztheit dar, die sie nur heilen kann, wenn sie beide Rollen als ihr zugehörig erkennt und sie so besetzt, dass ihnen ihr zerstörerischer, lebensfeindlicher Stachel genommen wird.

2. Die (Selbst-)Heilung

Wiedervermählung von Licht (Bewusstheit) und Schatten (Unbewusstes) / innere Alchemie

Heilung kann dadurch geschehen, dass die Chiron/Pluto-Persönlichkeit die strikte Kontrolle loslässt und sich in ihre Instinkte, ihre Leidenschaften fallenlässt, sich in ihre schwarze Höhle begibt, bewusst Reintegrationsarbeit leistet und dadurch langsam Macht über ihr Leben gewinnt. Das zeigt sich in der Form, dass die Lösung von der Kontrolle über sich selbst auch eine Kontrolle und Dominanz von außen nicht mehr möglich macht. Die auftauchenden Schattengestalten müssen dann allerdings auch konkret kanalisiert werden (Kunst, Zähigkeit, Wirkung zeigen, Wandlungsfähigkeit, Konfrontation mit Grenzsituationen), so dass Projektionen und der Rückfall in das äußere

Täter/Opferspiel nicht mehr notwendig wird.

Durch die zunehmende Angstfreiheit (weil man sich immer besser kennt) und die wertfreie Wiedereingliederung des so genannten äußeren Schlechten in das eigene Selbstbild gewinnt sie immer mehr Selbstbestimmung und die Möglichkeit zu einer zunehmend intensiveren, echteren Lebensweise.

Hat sie diesen schwierigen Weg lange genug beschritten, kann sie damit auch nach außen gehen und anderen Menschen bei deren innerer Wiedervermählung zwischen unten und oben behilflich sein, kann ihnen helfen, ihre Schnittwunde zwischen Licht und Schattenreich zu schließen.

Sie kann diese Schattenarbeit lehren und immer mehr Menschen darin unterstützen, wieder Macht über abgegebene, fremd besetzte Lebensbereiche zu erhalten, die eigenen Machtspiele durch die Arbeit an der inneren Wiederverbindung zu ersetzen und ein immer authentischeres Leben zu führen.

Im letzten Schritt kann sie den alchemistischen Prozess erfahren und lehren, in dem das göttliche Licht die Materie (Körper-Seele-Geist) durchdringt und läutert (Beseelung) und ein ständiger Wandlungsprozess durch die Weiterentwicklung ihrer einzelnen Wesensanteile in immer neue Formen (innerer Tod und Wiederauferstehung) stattfindet.

3. Der Punkt der Demut

Ohnmacht

Demut erfährt sie, wenn sie jedes Mal wieder in sich finden muss und wird, was sie außen bekämpfte und aus ihrem Leben als nicht ihr zugehörig auszugrenzen versuchte. Auch die Opferrolle innerhalb von Machtspielen bringt sie in ihr Menschsein zurück ebenso wie ihre fixen Vorstellungen, wenn sie sie vom saftigen Leben abhalten und ihr so in einem bewussten Moment gewahr wird, wie weit sie noch von einem wertfreien Leben entfernt ist, oder wenn Außenmächte sie binden und zwingen, da sie noch nicht zu ihrer eigenen Macht geworden ist.

4. Die Verbindung Saturn-Transsaturnier

Nach Alles-oder-Nichts-Manier

Die Planeten jenseits von Saturn erreicht die Chiron/Pluto-Persönlichkeit in aktiver, bewusster Form, wenn sie Schattenarbeit in ihrem Inneren leistet, sowie durch eine absolut echte, kompromisslose Lebensart, in der ihr Wahrheit wichtiger ist als jede Sicherheit und Stabilität.

Sie schlägt die Brücke, indem sie einen Weg der Intensität und Leidenschaft, der steten Wandlung geht und immer mehr lernt, dass feste Vorstellungen und Kontrolle Angst erfüllte Vorspiele für den Abgang in ihre inneren Tiefen darstellen und langfristig durch diesen ersetzt werden sollten.

Konkrete Förderungen der Chiron/Pluto-Persönlichkeit

- Ihre Wunde in ihren verdrängten Seiten und deren Inhalten erkennen sowie in der Tendenz zu einem Täter-/Opfer-Dasein in sich selbst (Vorstellungen gehen über Lebendigkeit) oder innerhalb einer Verbindung

- Jede Möglichkeit und Form der Schattenarbeit

nutzen und anwenden

- Ventile und Kanäle für die auftauchenden Gestalten aus der inneren Finsternis finden und ihnen als Lebensraum zur Verfügung stellen

- Aufdeckung ihrer Täter- und Opferrollen in sich und im Kontakt mit der Außenwelt

- Wenn sie ausreichend Reintegrationserfahrungen gesammelt hat, mit diesen nach außen gehen und sie lehren

- Kontrolle mit dem Gang in die innere Dunkelheit und Leidenschaft austauschen; dadurch auch Kontrolle von außen verhindern

- Macht durch die Eliminierung von inneren Fremdbesetzungen zurückgewinnen, indem sie ihren Potenzialen, besonders den dunklen, selbst Gestalt verleiht

- Sich dadurch aus Zuständen der Ohnmacht und des Opferdaseins selbst befreien

- Selbsterforschung jeder Art
- Neue Formen der Selbsterforschung finden und verbreiten/lehren

- Heilung heißt hier Schattenarbeit und eine immer echtere, totale Lebensweise, immer neue Wege zur Wahrheit zu gehen und eine beständige Wandlung durch innere Alchemie.

9. CHIRON – JUPITER

Chiron im Schützen
Chiron im 9. Haus
Aspekte zwischen Jupiter und Chiron

Essenz

Verwundung und Heilung durch Expansion, Bildung, Religion, geistige Weite.

Grundspannung

Heilkraft und Demut --- Übermut, Unersättlichkeit, Weiterbildung.

Lösung

Heilung durch Bewusstseinswachstum und Weiterbildung.
Bildungsmaßnahmen im Heilwesen entwickeln und anbieten.
Seinen Erfolg und sein Glück in seinen Heilkräften und -fähigkeiten finden.

Selbstbild

Ich erweitere ständig meinen Horizont und mein Bewusstsein, bilde mich weiter und kenne meine Art der Erfüllung und Lebensfreude, also wandle ich auf den Pfaden meines inneren Heilers und entfalte seine helfenden Kräfte.

1. Die Urwunde

Bildung und Erfolg

Die Basiswunde bei dieser Konstellation bezieht sich auf die Lebensthemen Glück und Erfüllung, Expansion und weites Bewusstsein sowie Bildung. Gerade die Chiron/Jupiter-Persönlichkeit wird den Eindruck haben, nie genug zu bekommen, nie am Punkt der Sättigung ankommen zu können. Sie will mehr, will sich steigern und ausweiten, will keine Grenzen kennen, und scheint doch ihr Verlangen nach Fülle und Reichtum, nach Glück und Zufriedenheit nie richtig befriedigen zu können.

Sie sehnt sich nach der reinen Göttlichkeit und Religion und versteht es auch, eine außergewöhnliche Bewusstheit und Erkenntniskraft herauszubilden. Dennoch treibt es sie weiter, gelangt sie nicht voran in ihrem Missionsdrang oder überrollt den anderen ungnädig mit der Vision, höheren Geist und Religiosität für sich gepachtet zu haben. Sie läuft den Glücksrittern aller Welten hinterher, sucht nach dem Sinn dieses Daseins, der Fleisch gewordenen Existenz ihres Wesens. Und immer wieder erreicht sie nur den Schmerz der doch nicht fassbaren Erfüllung und Zufriedenheit.

Die nächste Wunde betrifft den Bereich der Bildung. Auch hier mag das Verlangen unermesslich sein, sich weiterzuentwickeln, und doch bleiben Lücken, bleibt die Verletzung, nicht alles getan zu haben oder tun zu können.

Der letzte wunde Punkt betrifft den Erfolg, das Gelingen, alles zu erreichen, ohne einen Finger krumm zu machen, rein aus der positiven Grund- und Erwartungshaltung heraus. Auch hier fühlt sich die Chiron/Jupiter-Persönlichkeit tief verwundet, muss sich erst wieder den Glauben an sich und die Möglichkeit zu einem erfolgreichen Leben erwerben. Die Methode dazu zeigt ihr Chiron, seine Lösung von der Unsterblichkeit, das Erfahren des höchsten

Bewusstseins, ohne deshalb zu vergessen, dass sie auch Mensch, auch irdisch und aus Fleisch und Blut ist.

2. Die (Selbst-)Heilung

Der innere Weise und Lehrer

Sie wird dazu übergehen, das große Glück wie auch der Weisheit letzter Schluss in ihrem ganz besonderen inneren Wesen zu suchen und aufzutun. Die Weltreisen, um ihren Horizont zu erweitern, könnten unumgänglich sein und müssen dennoch zuletzt dahin führen, wo der Quell aller Einsicht und Rückverbindung nur gefunden werden kann - in der eigenen Seele, als Bindeglied zum Ganzen. Dieser Weg zum inneren Weisen, zur Zufriedenheit aus der inneren Wahrhaftigkeit heraus ist von ihr erkundet worden, wenn sie beginnt, auch andere Menschen mit diesen dabei entwickelten Methoden zu beglücken.

Die Chiron/Jupiter-Persönlichkeit sollte dabei jedoch nicht die Rückverbindung an die größere Einheit, die bewusste Aufnahme von Heilwissen über äußere geistige Helfer (die nicht unbedingt zu Fleisch geworden sein müssen) vergessen, sollte ihre Erkenntnisse nicht als reine Eigenproduktionen, sondern als Folge ihrer Eingebundenheit in *die* Weisheit schlechthin begreifen.

3. Der Punkt der Demut

Religio

Wird ihr dieser Zusammenhang nicht bewusst, d.h. begibt sie sich nicht freiwillig in diese Haltung der Demut (gegenüber den ihr geschenkten Einsichten) und zeigt sich stattdessen voller Übermut und Selbstüberschätzung, wird sie notwendigerweise dahin gezwungen durch Misserfolge, Mangel an Lebensglück und Lebenssinn und indem sie sich von der Einbindung in eine größere Einheit getrennt fühlt.

Demut heißt hier, ihre geistigen Gaben als Möglichkeiten der Heilung von sich und anderen zu erfassen und bewusst in diesem Sinne zum Einsatz zu bringen.

4. Die Verbindung Saturn-Transsaturnier

Mit Zuversicht und Erkenntniskraft

Die Verbindung und den Ausgleich herzustellen zwischen Saturn und Uranus sowie den anderen Folgeplaneten, gelingt durch die zunehmende Weite von Geist und Horizont, durch Fortbildung und die Fähigkeit, in jedem Geschehnis des Lebens den Sinn zu erkennen oder zumindest darauf zu vertrauen, dass es ihn gibt.

Auch die Entwicklung eines eigenen Weltbildes, einer Lebensanschauung gemäß ihres Wesens fördert die Chiron/Jupiter-Persönlichkeit darin, einen eigenständigen Weg in Richtung der Transsaturnier einzuschlagen.

Konkrete Förderungen der Chiron/Jupiter-Persönlichkeit

- Ihre Basiswunde im Bereich Glück, Erfolg, Religion, Bildung und Ausland fühlen und annehmen

- Die Rückverbindung letztendlich über die Bindung in sich selbst, durch Kontakt mit ihrer Seele herstellen

- Ihren inneren Weisen und religiösen Führer ausfindig machen

- Eigene Möglichkeiten dafür entwickeln

- Die selbst erfahrenen Methoden an andere vermitteln

- Erfüllung in hoher Bewusstheit und ihren Heilkräften finden und sich auf diesen Gebieten ständig weiterentwickeln

- Sich in alternativen, natürlichen Heilweisen bilden und ggf. diese lehren

- Den Übergang von Saturn zu Uranus mit Hilfe des weiten Bewusstseins und ihrer Bildung erleichtern

- Heilung heißt hier, eine positive Erwartungshaltung dem Leben gegenüber zu entwickeln, auf den Sinn des Lebens zu vertrauen, ihren inneren Weisen zu kennen und zu befragen, Heilweisen als ihren Bildungsbereich zu bevorzugen.

10. CHIRON – SATURN

Chiron im Steinbock
Chiron im 10. Haus
Aspekte zwischen Chiron und Steinbock
Aspekte zwischen Chiron und MC

Essenz

Verwundung und Heilung durch feste Strukturen, Ordnung und ehrgeiziges Streben.

Grundspannung

Heilkraft und Demut --- Strenge, Beruf, Leistung, Festigkeit.

Lösung

Heilung finden in der selbst errichteten Lebensstruktur.
Heilung zu seiner Berufung machen.
Sich von übermenschlichen Ansprüchen heilen.
Sich selbst anerkennen und bestätigen als wesentlichen Heilfaktor.

Selbstbild

Ich errichte mir ein eigenes Lebensgerüst und entwickle Realitätssinn, Disziplin, Klarheit und meine Strukturen, daher kann ich meine inneren Heilquellen erschließen.

1. Die Urwunde

Anerkennung und Stütze

Die Urwunde befindet hier im Lebenssektor Anerkennung, Bestätigung, Ehrgeiz, Beruf(ung), Stabilität und gesellschaftliche Stellung. Trotz ausdauernder und gut durchdachter Anstrengungen, um zu Festigkeit und einer verlässlichen Lebenswelt zu gelangen, gibt es doch immer wieder Schwierigkeiten und scheint kein Fundament für das ganze Leben fest und sicher genug zu sein.

Der erste Fehlschlag kann darin begründet sein, dass sich die Chiron/Saturn-Persönlichkeit auf die vorgegebenen Normen und Konventionen zu stützen versuchte und dadurch immer wieder Einbrüche erleben musste. Das von außen gelieferte Gefäß konnte keine exakte Form für die innere Wirklichkeit abgeben, konnte das aufzubauende Rückgrat nicht ersetzen und musste daher immer wieder in die Brüche gehen.

Ein weiterer Punkt stellt das tiefe Bedürfnis nach Anerkennung dar, das unstillbar scheint und das trotz größter Leistung, größten Aufwandes nie befriedigt werden kann.

2. Die (Selbst-)Heilung

Aufstieg zur eigenen Autorität

Leid entstand, das nur gelindert werden kann, wenn die äußere Autorität durch den aus dem Unbewussten wieder geborenen inneren Vater ersetzt und dadurch überflüssig wird. Diesen kennen zu lernen und zunehmend auch zu umarmen, in ihr Selbstbild als ihr zugehörig aufzunehmen, stellt einen elementaren Heilungsschritt für die Chiron/Saturn-Persönlichkeit dar. Sie beginnt, sich von innen her aufzubauen, ein eigenes Lebensgerüst zu erstellen, das ausreichend geschmeidig und flexibel bleiben sollte, um nicht spröde zu werden und zu brechen und damit die alte Wunde immer wieder aufzureißen.

Im Bereich der Anerkennung hilft nur die Heilung über die Bestätigung ihrer selbst, dadurch, dass sie sich selbst für jede Tat einen Orden verleiht und nicht länger auf äußere Zustimmung wartet.

Hat sie ihre Methoden der inneren Gelenkigkeit, des Aufbaus eines echten Halts, der Selbstbestätigung wie auch der Herauskristallisierung der wahren Berufung für sich gefunden und zur Anwendung gebracht, so kann sie damit in die Außenwelt treten und auch anderen Menschen, insbesondere mit derselben Verwundung, helfen, ihr eigenes Gesetz zu werden und ihre Form der Lebensordnung zu entwickeln.

3. Der Punkt der Demut

Falscher Halt und Vergänglichkeit

Demut lernt die Chiron/Saturn-Persönlichkeit, wenn mal wieder eine sicher und stabil geglaubte Lebensstruktur zerbricht, weil sie nicht mehr ihrem erweiterten Bewusstsein oder einem neuen Selbstbild standhalten und entsprechen kann, wenn an Stützen und Fehlformen festgehalten wurde, nicht ihrem Wesen entsprechen und die sie einschränkten, aber keine förderliche, aus sich geborene Stabilität mit sich brachten.

Auch die Einsicht, dass nichts ewig in festem Zustand verharren und für immer bewahrt werden kann, zwingt sie zu einer demütigeren Haltung.

4. Die Verbindung Saturn-Transsaturnier

Gezielt und geplant

Die Verbindung zu den Transsaturniern passiert geplant, überlegt und mit Ausdauer und Geduld. Die Einstimmung findet vorsichtig statt, doch haben die Umsetzungen von Uranus bis Pluto Hand und Fuß und werden mit Ehrgeiz verfolgt, eine nach der anderen, im sicheren Schritt-Tempo, was bei zu ausgeprägter Saturnhaftigkeit auch zu unsanften Brüchen, Auflösungen und tiefen Wandlungen führen kann, wenn dem Fluss des Lebens (mag er auch kanalisiert und begradigt werden müssen) zu sehr ins Stocken gerät.

Konkrete Förderungen der Chiron/Saturn-Persönlichkeit

- Ihre Basiswunde im schwer zu stillenden Bedürfnis nach ewiger Stabilität und nach Anerkennung fühlen und annehmen

- Die Festigkeit in äußeren Konventionen als Übergangslösung, die nicht wirklich funktionieren kann, erkennen und anfangen, am eigenen Lebensgerüst zu bauen

- Selbstbestätigung

- Kontakt zum inneren Vater aufnehmen und ihn ihr Leben ordnen und strukturieren lassen

- Natürliche Heilweisen zu ihrem Beruf machen

- Menschen darin unterstützen, ihre eigene Autorität

zu werden und eine eigene Lebensordnung zu entwickeln

- In der Öffentlichkeit als sehr bewusst und als Lehrender besonders im Bereich Heilwesen auftreten

- Heilmethoden, die die Gelenkigkeit fördern, die auf Knochen und Gelenke einwirken

- Heilung heißt hier, Konturen annehmen, ihrer Berufung nachkommen und ihre eigenen Gesetze zu schreiben.

11. CHIRON – URANUS

Chiron im Wassermann
Chiron im 11. Haus
Aspekte zwischen Chiron und Uranus

Essenz

Verwundung und Heilung durch Schnitte im Leben, Rebellion, Distanz und Unabhängigkeit.

Grundspannung

Heilkraft und Demut --- Ausbruchstendenzen, Zukunftsvisionen, neue Wege und Dimensionen, Durchschlagen des gordischen Knotens.

Lösung

Völlig neue Heilmethoden, die mit der bisherigen Sicht- und Handlungsweise im Heilungsgeschehen brechen.
Heilen durch radikale Veränderungen.
Heilen innerhalb von Gruppenprozessen oder mit Hilfe von Freunden/Gemeinschaften.
Heilung durch Abstand und Disidentifikation.

Selbstbild

Ich verstehe es, aus festgefahrenen Lebensformen auszubrechen, in neue Möglichkeiten ohne Garantien zu springen und bringe mein Wesen in die Gemeinschaft ein, daher kann ich in Kontakt mit meinen (selbst)heilenden Kräften gelangen und diese für mich und andere zur Verfügung haben.

1. Die Urwunde

Der Bruch

Die Urwunde dieser Konstellation findet sich auf dem Gebiet Freiheit, Distanz, Freunde und Gemeinschaften. Der größte Schmerz der Chiron/Uranus-Persönlichkeit liegt in ihrem unerreichbaren Ziel der vollkommenen Freiheit. Sie verspürt einen unsagbaren Drang nach ständiger Befreiung, nach dem Schnitt mit der Vergangenheit und dem Durchbrechen jeder dauerhaften Stabilität und festen Bindung. Sie fühlt sich schon durch unausgesprochene Erwartungshaltungen, insbesondere konventioneller Art, eingegrenzt und bekommt schnell Atemnot, fühlt sich eingesperrt, wenn man sie auf einen längeren Zeitraum hin festlegen und einplanen und in gerade Bahnen bringen möchte.

Schnell überwältigt sie der rebellische Drang nach Ausbruch und Revolution, will sie jede Festung sprengen, die ihrem Trieb nach Unabhängigkeit Einhalt gebieten möchte, und begehrt auf und wird eiskalt, um ihren Freiraum zu retten und Verbindlichkeiten aus dem Weg zu gehen.

Sie hat das Gefühl, nie wirklich in dem totalen Freiheitsgefühl ankommen zu können, das sie irgendwo in der Welt, in ihrem Wesen sicher glaubt. Sie will immer weiter Abstand zu aller Erdverbindung und Emotionalität gewinnen und tendiert dabei dazu, auch Fäden abzuschneiden, die für den Rest ihres Wesens sehr wesentlich sind, also das Kind mit dem Bade auszuschütten.

Die nächste wunde Stelle betrifft Freundschaften und

die Zugehörigkeit zu Gruppen. Hier können Verletzungen entstanden sein und sich wiederholen, weil man meint, alles gegeben zu haben, an Freundschaft, Hilfsbereitschaft und Zusammenhalt, und dennoch nie zu den Gemeinschaften zu finden, die man sich tief innen wünscht.

Eine weitere Grundverletzung stellt der Riss, der Bruch und plötzliche Schnitt dar, den sie zwar sucht und der ihre Heilung heißt, der aber auch, wenn er von außen kommt, tief schmerzt und als Schutz zu noch mehr Distanz animiert.

2. Die (Selbst-)Heilung

Befreiung von den inneren Fesseln

Der Schritt in Richtung Heilung sieht so aus, dass die Chiron/Uranus-Persönlichkeit den Begrenzer und Fixierer, den Einschränker und Traditionalisten in sich selbst sucht und erkennt, dass sie die ganze Zeit nur die Projektionsflächen ihrer eigenen Selbsteinkerkerung bekämpft hat. Daher muss jede Projektion zurückgenommen und der "Feind" in sich gesucht und durch den Sprung in eine neue Verhaltens- und Reaktionsweise besiegt werden. Die Fesseln gilt es, in sich selbst und nicht gegenüber Gesellschaft und äußeren Machthabern zu sprengen.

Geht sie dabei zu weit und befindet sich nur noch in Distanz, bekommt sie diese Kühle von außen gespiegelt. Sie verletzt nicht nur sich und andere damit, sondern wird auch selbst plötzlich alleine gelassen oder erfährt andere schlagartige Veränderungen, die ihr demonstrieren, was Kälte und Dauerdistanz bedeuten.

Hat sie jedoch genügend Einblicke und Erfahrungen in den Prozess der realen Befreiung gesammelt, kann sie dazu übergehen, diese an andere weiterzugeben und sie in ihrem

Selbstbefreiungsprozess zu unterstützen.

Hintergrund der Problematik mit Freunden und Gruppen könnte eine mangelnde Verbundenheit, ein zu geringer Gemeinschaftssinn zwischen den einzelnen Seiten im eigenen Inneren sein. Erwartungen gegenüber der äußeren Gruppe können mehr und mehr erfüllt werden, je mehr man einen gleichberechtigten inneren Kreis an Persönlichkeitsanteilen gebildet hat, in dem jeder dasselbe Lebens- und Stimmrecht hat und jeder auf seine Weise, wie er es aufgrund seines Naturells kann, dem anderen bei seiner Entwicklung zur Seite steht.

3. Der Punkt der Demut

Der ungewollte Schnitt

Demut empfindet die Chiron/Uranus-Persönlichkeit, wenn sie Verletzungen durch Freunde oder in ihrem Freiheitsempfinden erfährt. Dann gilt es, von einem allzu hohen, göttlich geglaubten Ross herabzusteigen und wieder Mensch zu werden, von dem Distanzwölkchen in das Leben zurückzukehren.

Jeder Schnitt, der sie zu sehr vom Leben entfernt und in Frosteskälte schickt, aber auch jede übermäßige Domestizierung, die sie lehrt, dass Leben (wie auch Chiron) Himmel *und* Erde bedeutet, bringt sie in Demut gegenüber dem Leben.

4. Die Verbindung Saturn-Transsaturnier

Der Sprung

Hier steht der plötzliche Übergang in die überpersönliche Welt jenseits der Grenzen Saturns im Vordergrund. Es wird nicht überlegt oder eine gezielte Richtung eingeschlagen. Es wird auf die Eingebungen und Spontanideen, auf die Fähigkeit zu Distanz und auf seine unkonventionelle Seite vertraut.

Die Verbindung zu und Integration von den Kräften Uranus, Neptun und Pluto wird radikal und voller Visionen für eine neue Welt hergestellt. Alte Versionen, gebräuchliche Wege und sichere Methoden sind verpönt und hier auch unbrauchbar, um die Brücke nach drüben zu schlagen.

Konkrete Förderungen der Chiron/Uranus-Persönlichkeit

- Ihre Urwunde im Freiheitsverlangen, im plötzlichen Schnitt mit einer Bindung und ihrem Freundeskreis fühlen und annehmen

- Die Begrenzungen, gegen die sie außen angeht und aufbegehrt, in sich selbst suchen und aufbrechen

- Eigene Methoden in sich finden, die sie bei ihrem Selbstbefreiungsprozess zum Einsatz bringen kann

- Ihre Erfahrungen weitergeben und sie lehren

- Nicht krampfhaft alles umwerfen, sondern nur die wirklich Luft raubenden Lebensformen und festen Vorstellungen

- Heilmethoden mit neuester Technik ausprobieren und einsetzen

- Natürliche Heilweisen erfinden

- Gruppentherapie

- Innere Gleichberechtigung und ein funktionierendes inneres Team herstellen, um ein solches auch außerhalb anzuziehen

- Bei zu viel Kälte und Abstand sich heilen, indem sie die einschränkenden Hintergründe dieses Distanzbedürfnisses herausfindet und in sich selbst aufbricht

- Heilung heißt hier Selbstbefreiung und den Aufbau einer gleichberechtigten inneren (und ggf. auch äußeren) Gemeinschaft, die sich gegenseitig hilft und unterstützt.

12. GRUNDENERGIE CHIRON – NEPTUN

Chiron in den Fischen
Chiron im 12. Haus
Aspekte zwischen Chiron und Neptun

Essenz

Verwundung und Heilung durch die ungreifbare Welt des scheinbaren Nichts.

Grundspannung

Heilkraft und Demut --- Auflösung, Intuition, Wegschweben, All-ein-sein, Phantasie, Verschmelzung.

Lösung

Heilen in und mit der feinstofflichen Welt.
Heilung durch All-Einsein und Auflösung zu fester Bindungen.
Sich mit Hilfe seiner Heilkräfte von aller Vernunft und reinen Zweckorientierung lösen.

Selbstbild

Ich bin in Kontakt mit meinen Träumen, meiner Phantasie und inneren Stimme, mit der Endlosigkeit allen Seins und kann so meine Heilung erfahren und anderen bei ihrer Heilung helfen.

1. Die Urwunde

Sehnsucht

Die Urwunde dieser letzten Konstellation liegt in einer unendlichen, unstillbaren Sehnsucht, die quält, zerreißt und fast schon zur Auflösung treibt, um nicht mehr in diesem engen, festen Körper angebunden zu sein, der so schmerzlich von der Allverbundenheit, der vollkommenen Verschmelzung mit der alles umfassenden Einheit abzuhalten scheint.

Die Chiron/Neptun-Persönlichkeit will zerfließen, will für immer abheben, sich lösen von der Gewöhnlichkeit des Alltags und dessen einschnürenden Anforderungen. Es treibt sie in die Flucht und Sucht, wenn sie immer wieder zurückgeholt und von der Materie ihres Daseins eingeholt wird. Dieser Schmerz, da sein, anwesend und nützlich sein zu müssen, um im Leben zu bestehen, ist unsäglich. Sie wehrt sich mit Händen und Füßen dagegen, in die Welt der Vernunft und Form gezwungen zu werden, und will stattdessen lieber ihren Träumen folgen, dem Sog in eine nebulöse Weite ohne Grenzen und Schranken.

2. Die (Selbst-)Heilung

Wiedereinbindung

Diese endlose Sehnsucht wird die Chiron/Neptun-Persönlichkeit dazu treiben, sich Möglichkeiten hier auf Erden zu schaffen, dank denen sie sich vom Alltag erholen und in diese Ferne abschweifen kann. Elementar für sie, um nicht in die Tragik der Drogensucht und damit verbundenen Selbstzerstörung abtauchen zu müssen, sondern dieses unschätzbare Gut, die üblichen Grenzen auflösen und höchste, universelle Einblicke bekommen zu können, in eine Form zu bringen, die aller Geist und Seele erweitert.

Hat sie ihre Methoden erkannt, sollte sie sie weitervermitteln, weiterschenken und lehren, um auch anderen die Möglichkeit zu eröffnen, konstruktive Kanäle für diese kosmische Verbundenheit in sich zu entdecken und nicht länger im Unbewussten brach liegen zu lassen.

Die Chiron/Neptun-Persönlichkeit kann zu überirdischem Wissen, alten, verloren gegangenen Heilweisen vordringen auf ihrer Reise aus der rationellen Welt ins so genannte Niemandsland, in die Anderswelt, kann sie wieder auf die Erde holen und für alle verfügbar machen. Sie ist prädestiniert für alle natürlichen und vor allem feinstofflichen Heilmethoden, für die Wiedereinbindung des kranken Menschen in die große Gesamtheit durch die Schwingungen aus Tier-, Pflanzen und Mineralwelt.

Eine weitere Chiron/Neptunwunde zeigt sich in dem Griff ins Leere, ins Nichts, ins Unerreichbare. Die Umgebung scheint genauso zu fliehen, wie man es selbst schon so oft getan hat. Hier steht als Heilung nur die eigene Anwesenheit zur Verfügung.

3. Der Punkt der Demut

Fallen

Demut lernt sie bei jedem Griff ins Leere und beim Gefühl, in ihrem Anderssein wieder einmal nicht verstanden worden zu sein. Bewusste Demut erfährt sie durch ihre Fähigkeit zu Hingabe, Loslassen und Nicht-Einmischung in die mannigfaltigen Prozesse des Daseins, im Leben ihrer Absichtslosigkeit. Die Brücke zu den Kräften jenseits von Saturn wird im Fließen "genommen".

Konkrete Förderungen der Chiron/Neptun-Persönlichkeit

- Ihre Wunde in ihrer unstillbaren Sehnsucht nach Auflösung, nach Loslösung von Materie und Alltag fühlen und annehmen

- Sich klare Ventile für ihre Sehnsüchte suchen, um nicht mit Drogen zu vernebeln und zu verdecken, was an wertvollem Gut in den hinter der Sehnsucht steckenden Fähigkeiten eigentlich vorhanden ist und in die greifbare Welt gebracht werden könnte

- Musik, Malerei und andere Künste als Hilfsmittel zur Heilung anwenden

- Feinstoffliche Heilweisen

- In den Wiederkontakt mit altem weiblichem Wissen gelangen, mit Heilweisen, die lange im kollektiven Unbewussten gehalten wurden als Symbol der mangelnden Umsetzung weiblicher Kräfte und Mächte

- Heilung als Wiedereinbindung in eine größere Einheit erkennen und Wege in diese Richtung erschließen

- Ihre überirdische Verbundenheit in neuen Methoden der Heilung kanalisieren und diese lehren

- Heilung heißt hier, Auflösung und Verschmelzung, unangepasst sein, Vernunft zu meiden, Sehnsüchte ernst zu nehmen und zu verwirklichen, sich von der göttlichen Kraft beseelen zu lassen und aus diesem All-ein-sein heraus andere auf dem Weg der

Bewusstwerdung der feinstofflichen, kosmischen Welt zu begleiten.

ÜBUNGEN A

1. Welche Heilweisen können bei folgenden Konstellationen am besten (auch in sich) gefunden, entwickelt und angewandt werden:

a. Chiron im Widder im 6. Haus?

b. Chiron in Konjunktion zu Uranus im Stier?

c. Chiron in den Zwillingen im 10. Haus?

d. Chiron im Krebs im 8. Haus im Sextil zur Sonne in der Jungfrau?

e. Chiron im Löwen im 12. Haus?

f. Chiron in Konjunktion zum Mond in der Jungfrau?

g. Chiron in der Waage im Trigon zur Venus im Wassermann?

h. Chiron im Skorpion im 1. Haus?

i. Chiron im Schützen in Opposition zum Merkur in den Zwillingen?

j. Chiron in Konjunktion zu Neptun im 10. Haus?

k. Chiron im Wassermann im 3. Haus?

l. Chiron in den Fischen im 7. Haus im Trigon zum Mond im Skorpion?

4. TRANSITE DES CHIRON

Bildet Chiron einen Transit zu einem Planeten oder durchläuft ein bestimmtes Haus im Horoskop, so werden die alten Wunden der jeweiligen Thematiken wieder ins Bewusstsein, ins Gedächtnis gerufen und müssen gefühlt und so gut wie möglich versorgt werden. Was in die Tiefen der inneren Dunkelheit abgesunken ist, kommt wieder schmerzhaft zum Vorschein und wartet auf Zuwendung, auf ein besonderes caring durch natürliches Heilen, durch eine Einbindung seiner Persönlichkeit in die Gesamtheit Leben und Tod, durch die Entwicklung von Demut, die Erkenntnis, dass es auch Schwachstellen im System gibt und diese genauso (gleichberechtigt und gleichwertig) zum Wesen Mensch, zur Lebendigkeit allen Seins gehören wie die Stärken und Vorzeigeseiten auch.

Im Folgenden noch einmal eine Zusammenfassung der Regionen, die von dieser Wirkung Chirons betroffen werden, wenn er sie im Transit oder durch eine andere Form der Auslösung antrifft.

DIE SCHMERZZONEN

1. Mars

Mein Körper, meine Sexualität, mein Kämpfen, meine Durchsetzung, mein Wettstreiten gegen die Konkurrenz, meine Neugründungen, meine Pionierarbeit, meine Aktivität und Tatkraft, mein Dickkopf, mein Bedürfnis, Erster zu sein; mein Kopf, meine Gallenblase, meine Muskulatur und mein Blut, meine Trieb verursachenden äußeren Geschlechtsorgane, meine sexuelle Lust, mein Tatendrang.

2. Stier-Venus

Mein Revier, meine festen Grenzen, mein Bollwerk an Sicherheit, meine Lust an Körper und Schlemmereien, meine Sinnlichkeit, mein Besitz und Eigentum; mein Nacken und Hals.

3. Zwillinge-Merkur

Mein Denken, meine Sprache, meine Ausdrucksweise, meine Gesprächsbeiträge, mein Wissen, meine Entscheidungen, meine Sichtweisen, meine verbalen Kontakte, meine Mimik und Gestik, meine Neugierde, mein Lernen, meine manuelle Geschicklichkeit; mein Stimmapparat und mein Atemsystem.

4. Mond

Meine Gefühle, meine Familie, meine Mutterbindung, meine eigene Mütterlichkeit, mein inneres Kind und allgemein mein Verhältnis zu Kindern, meine Wohnung, meine Ernährung, meine Kleidung (eher Stoffart, Bequemlichkeit etc. im Gegensatz zur Optik bei der Waage), meine Zärtlichkeit, meine Empfänglichkeit, meine Bedürftigkeit, meine Entspannungsfähigkeit, meine innere Basis; mein Magen, meine Schleimhäute; als Frau: mein Unterleib, mein Busen, meine Schwangerschaft(en), Abtreibungen.

5. Sonne

Mein Selbstbewusstsein, meine Selbständigkeit, mein Ego, meine Handlungsfähigkeit, mein life-management, mein

Dasein als König/in, als Herrscher/in über mein Leben, mein Unternehmen, mein Erstrahlen, meine Kreativität, meine schöpferische (zeugende) Männlichkeit, meine väterliche Seite der Wärme und Herzlichkeit, meine Sexualität, mein Spieltrieb, meine Einzigartigkeit, der ich ein Denkmal setzen möchte, meine künstlerischen oder anderen kreativen Werke, der Applaus und das Lob für meine heroischen Lebenstaten, mein Stolz, meine Souveränität; mein Herz und Kreislauf.

6. Jungfrau-Merkur

Meine Arbeit, meine Dienstbarkeit, meine Vernunft, mein Drang zu Verwertung und Nutzung, meine Fähigkeit zu Verarbeitung und Verdauung, meine analytischen Fähigkeiten, mein Unterscheidungsvermögen, meine (Selbst)Kritik, mein Perfektionismus, meine Reinlichkeit, meine Exaktheit, mein Bedürfnis nach Einordnung und Etikettierung, mein Gesundheitsbewusstsein, meine Wahrnehmung, mein Unterscheidungsvermögen; mein Verdauungssystem (Dünn- und Dickdarm, Pankreas), meine Sinnesorgane als Wege zur Wahrnehmung.

7. Waage-Venus

Meine Liebesfähigkeit, meine Liebesbeziehungen, meine Kompromissbereitschaft, meine Unentschlossenheit, meine Anziehungskraft, meine Schönheit, meine Freundlichkeit, mein Hang zu Ausgleich, Frieden und Schlichtung, meine Diplomatie, mein Kunstsinn, mein Stil und Geschmack, meine innere Harmonie; meine Nieren.

8. Pluto

Meine verdrängten Seiten, meine abgespaltenen Seelenanteile, mein Forscherdrang, meine Totalität, meine Leidenschaft, meine Intensität und Tiefe, mein Alles-oder Nichtsgesetz, mein Drang nach Aufklärung und Aufdeckung, meine Wertfreiheit, meine Echtheit, mein Bedürfnis nach schonungsloser Tiefenbohrung, meine Grenzgängigkeit, meine Fähigkeit, in diesem Leben immer wieder zu sterben und als neuer Mensch wieder aufzuerstehen, meine Wandlungsfähigkeit; meine Blase, mein Enddarm, meine Geschlechtsorgane.

9. Jupiter

Die Sinnfrage, meine Religion, mein Weltbild, meine Zufriedenheit und Erfüllung, mein Glück und mein Erfolg, meine Weiterentwicklung, mein Bewusstseinswachstum, meine Bildung, meine Reisetätigkeiten, meine Beziehung zum Ausland, meine Bildung, meine Beziehung zu meinem inneren religiösen und weisen Führer, mein Expansionsstreben; meine Leber, meine Hüfte, mein Oberschenkel.

10. Saturn

Meine Festigkeit und Stabilität, meine Lebensordnung, mein Ordnungssinn, mein Beruf, meine Stellung in der Öffentlichkeit und Gesellschaft, mein Ehrgeiz, mein Bedürfnis nach Anerkennung und Bestätigung, mein innerer Vater, meine Lebensgesetze, Autoritäten, Staat, Konventionen, Strukturen, meine Grenzen achten, Respekt; mein Bewegungsapparat (Knochen, Gelenke, Sehnen, Bänder, Bindegewebe), meine Haare, meine Nägel (ihre Struktur).

11. Uranus

Meine Freiheit, mein Ausbruchsdrang, meine Rebellion, meine unkonventionelle Art, meine Spontaneität, meine Distanz, meine Unverbindlichkeit, meine Visionen, meine Freunde, mein Zusammengehörigkeitsgefühl mit Gleichgesinnten, meine chaotische und verrückte Seite, meine innere Spannung und Explosionsgefahr, meine Abwechslungsfreude; mein Nervensystem und mein Unterschenkel.

12. Neptun

Meine Andersartigkeit, meine Abweichungen vom Üblichen, meine Unvernunft, meine Nichtanpassung, meine Träume und Sehnsüchte, mein Bedürfnis nach Auflösung und Verschmelzung, meine soziale Ader, meine hohe Empfindsamkeit, mein hohes Aufnahmevermögen der äußeren Schwingungen, meine Nichtabgrenzung, meine Nichteinmischung, meine Absichtslosigkeit, mein Fließen, meine Grenzenlosigkeit, meine heilenden und helfenden Fähigkeiten, mein Rettersyndrom, meine Phantasie und Intuition, mein All-ein-sein; meine Füße und mein Hormonsystem.

5. CHIRON BEI DER PARTNERSCHAFTSANALYSE

Wie bei der Interpretation des Radixhoroskops symbolisiert Chiron auch bei der Partnerschaftsanalyse den wunden Punkt und zeigt auf, in welchem Bereich Schmerzen und Verletzungen wieder an die Oberfläche gelangen oder gesetzt werden, aber auch im Miteinander behandelt und geheilt werden können.

SYNASTRIE

Steht der Chiron des einen Partners (A) im Haus oder im Aspekt zu einem Planeten des anderen (B), so wird B an seine auch noch so verborgenen Schmerzen bezüglich des jeweiligen Lebensbereichs erinnert werden. Er kommt in Kontakt mit Verwundungen des entsprechenden Prinzips, spürt Ängste, Fehlschläge, Misserfolge, Unsicherheiten, jede Form der Verletzung, die ihm jemals auf diesem Gebiet widerfahren ist.

Das fühlt sich zuerst unangenehm an, will nicht gesehen, nicht wahrgenommen werden. Auch besteht die Tendenz, den Partner dafür verantwortlich zu machen, anstatt lediglich seine Funktion als Erwecker dieser Schmerzen zu sehen und damit die Chance, sich um die Wunden dazu zu bemühen und sie zu versorgen.

Der Chiron-Partner spielt dabei nicht nur die Rolle dessen, der alte Schmerzen wieder ins Bewusstsein ruft, sondern stellt auch eine große und wichtige Unterstützung dar, um in der Gemeinsamkeit an der Heilung dieser Wunde zu arbeiten.

Er holt die Verletzungen an die Oberfläche, steht jedoch

auch zur Verfügung mit seinen heilenden Energien. Bei entsprechendem Bewusstsein und dem Wissen um diese Art der Verbundenheit kann eine tiefe Innigkeit durch diesen gemeinsam durchzustehenden Heilprozess entstehen.

Wenn nicht, kommt es zu einem dauernden Gefühl der Verletzung bei B, zu Schuldzuweisungen und vielleicht auch Rückzug. Die Möglichkeit der gegenseitigen Hilfe konnte dann nicht genutzt werden.

COMPOSIT UND COMBIN

Die Stellung des Chiron im Composit und Combin gibt Auskunft darüber, welcher Lebensbereich der Schmerz- und Heilungspunkt des Paares ausmacht.

Worin und womit können sie sich am stärksten verletzen, aber auch gegenseitig in Tiefe unterstützen? Wo ist die Schwachstelle der Partnerschaft, die immer wieder Löcher in die Gemeinsamkeit und Verbundenheit reißt und die der besonderen Aufmerksamkeit bedarf, der Demut und der vollständigen Öffnung, um sie zu verstehen und ihren Schmerz zu fühlen, als Voraussetzung, um in Liebe dieses "schwarze Loch", diese Wunde der Verbindung zu schließen.

ÜBUNGEN B

1. Wie kann sich ein Paar bei folgenden Chironkonstellationen gegenseitig unterstützen?
Wo liegen Schmerz und Heilung innerhalb der Beziehung eng beieinander:

a. Chiron von A im 9. Haus von B?

b. Chiron von A im 11. Haus von B?

c. Chiron von A im Trigon zur Sonne von B?

d. Chiron von A im Quadrat zu Saturn von B?

e. Chiron von A in Konjunktion zum Mars von B?

f. Composit-Chiron im 3. Haus?

g. Composit-Chiron im 8. Haus?

h. Combin-Chiron im Quadrat zum Combin-Mond?

i. Combin-Chiron im Trigon zum Combin-Merkur?

Chiron wird von verschiedenen Schulen dem Schützen (Kentaur) oder der Jungfrau (Gesundheitswesen) zugeordnet, in diesem Studium jedoch nicht. Dennoch bleibt es Ihnen selbstverständlich freigestellt, sich in diesem unterschiedlich bewerteten Punkt in der Astrologie Ihre eigene Meinung zu bilden und eine entsprechende Entscheidung zu treffen. Ich selbst ordne Chiron keinem Zeichen zu. Genauso wie er plötzlich am Firmament erschienen ist, um uns den Weg in die transsaturnische Welt, zu unserem inneren Heiler und zu natürlichen Heilweisen zu eröffnen, genauso wird er wieder verschwinden, wenn er seine Aufgabe erfüllt hat.

6. CHIRON-ANALYSE UND –SYNTHESE VON YOGANANDA

Geboren am 05.01.1893, 20.57 Uhr LMT, Gorakhpur

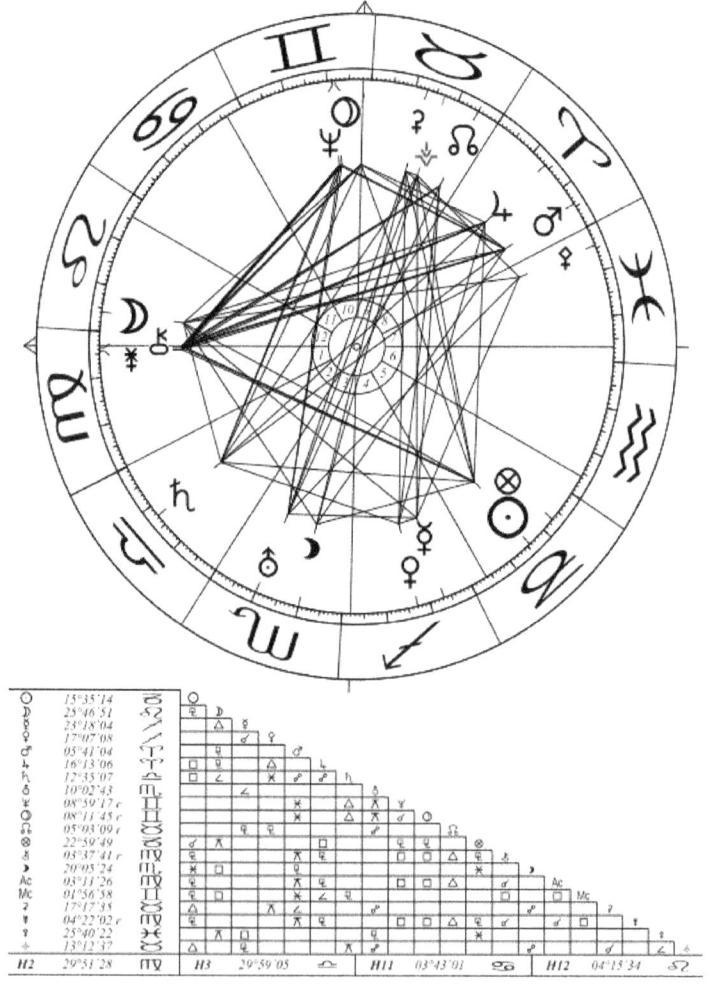

I. ANALYSE

1. Position Chirons

1. Chiron steht in der Jungfrau im 1. Haus.
2. Aspekte: Anderthalbquadrat Sonne, Quinkunx Mars, Anderthalbquadrat Jupiter, Quadrat Neptun und Pluto, Konjunktion Juno und Aszendent, Quadrat MC, Trigon Mondknoten.

2. Das Personar Chirons

3. Status quo und Prognose – je nach Zeitraum

II. SYNTHESE

Yogananda war schon in sehr jungen Jahren äußerst interessiert an geistig-religiösen Themen. Er begann auch schon früh, regelmäßig zu meditieren und war in selbstverständlicher Weise auf der Suche nach seinem religiösen Meister und Guru.

Was Yogananda in all seinem Tun auszeichnet ist die segensvolle Verbindung aus absolutem Vertrauen und Hingabe (Mond noch in 12 und in Konjunktion zum AC, Merkur/Venus-Konjunktion im Schützen in 4) einerseits und starkem Willen (Widder-Mars in 8) und Ausdauer (Steinbock-Sonne) auf der anderen Seite. Seine religiöse Belehrung und Einweihung erhielt er von einem strengen und gleichzeitig sehr liebenden, gütigen Meister, dem er sich vollkommen anheim gab und von dem er auch den Auftrag erhielt, zuerst eine religiös orientierte Schule für Jungen zu gründen (in Indien) und dann nach Amerika zu gehen und die Lehre des Kriya-Yoga zu verbreiten. Er hielt vor einem riesigen Auditorium seinen ersten Vortrag, aus dem eine

Vortragsreise wurde, bis er zuletzt ein eigenes Yoga-Zentrum gründete.

Zwischenzeitlich kam er für kurze Zeit wieder auf Besuch nach Indien, wo er selbst Mahatma Ghandi in den Kriya-Yoga einweihte. Yogananda war in vollkommener Liebe zur göttlichen Mutter, (Venus im Schützen in 4, Mond in 12) und lehrte neben dieser Liebe zur Göttin (oder auch zu jedem anderen Gott, er stellte das frei) eine sehr wissenschaftliche, klare Methode zur Meditation und zum Bewusstseinswachstum, in dem er dazu aufruft, all seinen Willen aufzuwenden, um die negativen Stimmen in sich zum Stillstand zu bringen und sich stattdessen vollkommen der Liebe zur göttlichen Kraft zu verschreiben. Nur die regelmäßige, disziplinierte (Steinbock-Sonne) Arbeit an sich (Sonne in 5), die Selbstüberwindung und der Kampf in sich für das Gute, Göttliche (Widder-Jupiter in 8) kann dazu führen, in Gott zu leben.

Die Pluto/Neptun-Konjunktion in 10 hat er bestens umgesetzt, in dem er der Welt (10. Haus) eine geistige Methode vermittelt hat (Zwillinge), damit sie sich tief wandeln (Pluto) und damit wieder im Fluss mit dem Ganzen (Neptun) leben kann. Seinem Widder-Mars in 8 haben wir zudem ein Energieaufladeprogramm für den Körper zu verdanken, in dem es um die starke Anspannung und anschließende Entspannung der einzelnen Muskelgruppen des Körpers geht (was eine Yoga-Methode ist, die ihn bei dieser Mars-Stellung natürlich sehr anspricht).

Mit seinem Skorpion-Uranus sowie einer Skorpion-Lilith in 3 ist es ihm gegeben, macht- und wirkungsvoll zu sprechen und damit den Menschen über die Sprache zu spiritueller Freiheit (Uranus) mit Hilfe tiefgehender Transformation (Skorpion) zu verhelfen. Sein Löwe-AC in Konjunktion zum Mond verleiht ihm die nötige Herzenswärme im Umgang mit Menschen wie auch die Kreativität und den Unternehmergeist, den er für den Aufbau des religiösen

Zentrums brauchte.

Chiron im 1. Haus und noch dazu so nahe am AC gibt ihm als Grundanlage das Thema Heilen und Übergang zur transsaturnischen Welt und eine sehr charismatische Ausstrahlung. Da der Chiron in der Jungfrau steht, ist seine Methode für den Menschen wissenschaftlich und nachvollziehbar angelegt und ausgerichtet. Er gibt ganz klare Angaben, wie zu meditieren ist. Es bewegt sich nichts im nebulösen Raum. Chiron in 1, in Konjunktion zum AC und im Quinkunx zu Mars deutet auf eine tiefe Wunde in Bezug auf seine Körperlichkeit, seine Männlichkeit und sein Durchsetzungsvermögen hin, die er mit Hilfe seines plutonischen Mars umgewandelt hat zu einem Selbstheilungssystem, das sehr viel Power und auch körperliche Ertüchtigung verlangt. Kampf dem Bösen, kombiniert mit der Steinbock-Sonne in 5 in Spannung mit Chiron - lebt er mit sehr viel Disziplin und Selbstbeherrschung, mit der er Wunden bzgl. des Selbstbewusstseins sowohl von Saturn wie auch Chiron her, zu heilen wusste.

Das Quadrat zwischen Chiron und der Pluto/Neptun-Konjunktion in 10 scheint er als fruchtbare Spannung gelebt zu haben zwischen seinem bewustseinserweiternden Lehrbedürfnis und dieser gewaltigen Wirkung in der Öffentlichkeit mit Hilfe seiner Sprache und seines Geistes (Zwillinge). Auch das Anderthalbquadrat zu Jupiter hat ihn nicht innerlich aufgerieben, sondern ihm den Mut und die Zuversicht verliehen, seine heilsamen Fähigkeiten (die er nicht als offizieller Heiler, sondern als Vermittler dessen, was spirituell heilsam ist und was unser Bewusstsein über Saturn hinaus wachsen lässt, lebte) mit seinem Guru-Dasein (Jupiter) zu verbinden.

Yogananda hat seine starke plutonische Kraft, Macht und Wirkung (Mars und Jupiter in 8, Pluto in 10) zwar vollkommen zur Geltung gebracht, hat dabei aber nie seine Demut und Bescheidenheit (Steinbock-Sonne in Spannung zu

Chiron) verloren. Er verstand es, seine innewohnende Wandlungsfähigkeit (Skorpion-IC) verknüpft mit dem engen Bezug zur Religion (und zum Ausland) aufgrund der Merkur/Venus-Konjunktion im Schützen in 4 in die Öffentlichkeit, in seinen Beruf, seine Berufung zu transportieren (Herrscher von 4 Pluto in 10), ebenso wie seine Botschaft der Transformation durch Hingabe (Fische in 8), Willenskraft (Widder-Mars in 8) und tiefes Vertrauen (Widder-Jupiter in 8), die er mit Neptun als Herrscher von 8 ebenfalls in das 10. Haus einfließen lässt.

Ich konnte seine Chiron-Wunden seiner Autobiographie schwerlich entnehmen, aber es geht ihm darin auch in erster Linie um die Anregung zu dem Weg des Kriya-Yoga als um die Darstellung seiner persönlichen Angelegenheiten (Uranus in 3, auch die Steinbock-Sonne wird hier um Zurückhaltung gebeten haben). Es ist ihm aber auf jeden Fall gelungen, seine Grundanlage (neben dem Löwe-AC den Chiron in 1) zur Heilung und, noch viel wichtiger, zur Anleitung, in transsaturnische Welten vorzudringen, auf wissenschaftlicher Grundlage (Jungfrau) gerecht zu werden. Die Wissenschaftlichkeit wäre allerdings ohne die Einwirkung von Neptun, Pluto und Jupiter auf Chiron alleine zu wenig gewesen, um ein solches System hervorzubringen und mit diesem Elan, dieser Ausdauer und diesem unerschütterlichen Glauben in die Welt hinauszutragen.

7. ANALYSEBOGEN CHIRON

Grundeigenschaften

Die Urwunde
Der innere Heiler
Der Lehrer der Heilweisen
Der Punkt der Demut
Bewusste Verbindung von Saturn mit den Transsaturniern

In diesem Studium wird Chiron wie gesagt keinem bestimmten Zeichen zugeordnet. Deshalb entfällt auch ein Teil des Analysebogens, wie Sie in aus den vorherigen Bänden gewohnt sind. Was bleibt, sind folgende Punkte:

1. Position Chirons

1. In welchem Zeichen und Haus steht Chiron?
2. Welche Planeten wirken auf ihn ein? Mit wem muss er für seine Entfaltung Kompromisse schließen?

2. Das Personar Chirons

1. Wie sieht das eigene Horoskop Chirons aus?

3. Status quo und Prognose

1. Welche Planeten wirken zurzeit auf die Chironkraft im Horoskop ein (Transite)?
2. Wo steht der Solar-Chiron für dieses Jahr?
3. Welche wesentlichen Aspekte bestehen zwischen dem

Solar-Chiron und dem Radix (Orbis 2 Grad)?
4. Welche wesentlichen Transite wirken auf den Solar-Chiron ein (von Transit-Jupiter bis Transit-Pluto)?
5. Wo steht der progressive Chiron zurzeit?
Bestehen Aspekte zwischen dem Radix-Horoskop und dem progressiven Chiron (Orbis 1 Grad)?
Welche wesentlichen Transite wirken auf den progressiven Chiron ein (von Transit-Jupiter bis Transit-Pluto)?

Chiron symbolisiert die Urwunde des Menschen, deren Erkennen und Fühlen ihn dazu anregen sollen, sich um natürliche Heilweisen zu bemühen und in Kontakt mit dem inneren Heiler, der in jedem von uns ist, zu gelangen. Er läutet eine Zeit ein, in der auch im Heilwesen jeder wieder eigenständig werden und sich nicht länger ausschließlich der Schulmedizin unterstellen sollte.

Chiron konnte sich nur retten, indem er seine Unsterblichkeit, die ihn als Gott auszeichnete, zugunsten des leidenden Prometheus aufgab. So kann sich jeder in seinen Chironbereichen fragen, wo er wieder in die Menschlichkeit zurückkehren sollte, wo Demut angezeigt ist.

Des Weiteren steht Chiron für das Lehren von naturverbundenen Heilmethoden, und zwar dann, wenn man selbst in tiefen Kontakt mit seiner Wunde gekommen ist und sich Möglichkeiten für deren Linderung erarbeitet hat.

Da Chiron zwischen Saturn und Uranus seine Bahn geht, wird ihm auch die Verbindungskraft zwischen Saturn und den oft nur passiv erfahrenen Folgeplaneten (Uranus, Neptun, Pluto) zugesprochen, so dass diese mehr ins Bewusstsein gelangen und selbst bewusst umgesetzt, auf die Erde und in eine Form gebracht werden können.

8. CHIRON - FRAGEBOGEN

SELBSTANALYSE

1. Erstellen Sie Ihre Chiron-Analyse gemäß dem Analysebogen.

2. Malen Sie zu jedem Chiron-Bereich - wie immer links und rechts - ein Bild. Benennen Sie diese Bilder.

3. Schreiben Sie zu jedem Gebiet auf Ihre Weise (Gedicht, Stichworte, ein Brief an jeden Bereich, ein normaler Text o.a.) eine kleine Abhandlung.

4. Erstellen Sie in einer Zusammenfassung eine Liste zu jedem Chirongebiet
a. zu der genauen Art der Verletzung
b. zu den Heilweisen bzw. -möglichkeiten, die sie anwenden könnten.

5. Wie sieht demnach Ihre besondere Art der Heilkraft aus?

6. Wie könnten Sie sie konkret fördern?

7. Wie könnte eine Art des Lehrens oder der Weitergabe an andere ähnlich Verletzte aussehen?

8. Lehnen Sie sich für die nächste Übung bequem und

entspannt zurück oder legen Sie sich in einer ungestörten Atmosphäre nieder. Lassen Sie Bilder zu Ihrem inneren Heiler/Ihrer inneren Heilerin aufsteigen, ohne sich einzumischen oder etwas Bestimmtes zu erwarten. Bleiben Sie zuerst ganz unbeteiligt und bitten Sie einfach diese immense innere Kraft in Ihnen, sich zu zeigen. Was für ein Wesen taucht vor Ihrem inneren Auge auf? Was für eine Person ist er/sie? Wie sieht er aus? Was hat er an? Wie bewegt er sich? Wo findet dieses Zusammentreffen statt? Wie sieht der Ort genau aus? Geruch, Farbe, Geborgenheit? Wie begrüßt er Sie? Wie redet er zu Ihnen? Wie berührt er Sie an Ihrem Körper, Ihrer Seele, Ihrem Denken? Wenn Sie möchten, können Sie ihm jetzt eine Frage stellen.

Was rät er Ihnen? Wie lautet seine Antwort für Sie?
Bevor er sich verabschiedet, lassen Sie sich versichern, dass er ab nun jeder Zeit für Sie zur Verfügung stehen und Ihnen die Hilfe und Zuwendung schenken wird, die Sie wirklich in den jeweiligen Augenblicken und Lebenssituationen benötigen.

9. Welche Verbindungen durch die Position Chirons existieren zwischen Ihnen und einem Partner sowie Ihren Eltern und eventuellen Kindern (und anderen Persönlichkeiten, die Ihnen wichtig sind).

Betrachten Sie die jeweiligen Positionen von Chiron im Composit und Combin.

10. Wie sehen Ihre Erfahrungen und Gefühle dazu aus?

BEZIEHUNGS- UND FAMILIENANALYSE

Stellen Sie jeweils die Chironkonstellationen Ihrer Eltern und eines Partners zusammen.

1. Wie sehen die grundlegenden Wunden aus?

2. Wie die dazugehörigen (daraus erwachsenden) Heilmethoden?

3. Wie gehen diese Personen mit ihren Chirongebieten um?

4. Was würden Sie konkret raten?

ANREGUNG ZUR STÄRKUNG DER CHIRONKRAFT

Nehmen Sie mindestens 21 Tage lang jeden Tag Kontakt mit ihm auf (siehe 8.), am besten immer zu der gleichen oder zumindest ähnlichen Zeit.
Bereiten Sie jedes Mal eine Frage vor, die Sie ihm stellen werden.
Lernen Sie ihn auf diese Weise als feste, immer zugängliche Person in Ihrem Inneren kennen.

9. LÖSUNGEN

ÜBUNGEN A

1.a. Chiron im Widder im 6. Haus:
Körperanalyse (z. B. über das Wissen von Psychosomatik, Kinesiologie, Reflexzonen, Irisdiagnose, Physiognomik etc.), Reinigungsmethoden über den Körper: sämtliche Ausleitungsverfahren, Fasten, Colon-Hydro-Therapie, Lymphdrainage, Sauna, Bäderanwendungen, Kneipp; aktive Meditationen, Urschrei zur direkten, aktiven Psychohygiene.

b. Chiron in Konjunktion zu Uranus im Stier:
Inbesitznahme seiner inneren Reichtümer und deren Umsetzung in Geld und äußere Sicherheit durch höchst unkonventionelle Methoden und dem Sprung aus alten Strukturen, aus der Vergangenheit. Heilweisen mit Hilfe neuester Technik, die vor allem in der Stier-Körperregion angewandt werden; lustvolle Tantraübungen oder andere genussfreudige Übungen, die aus dem gewöhnlichen Rahmen fallen; sich durch völlig abgedrehte Therapieformen abgrenzen und sein Geld verdienen; natürliche Heilweisen als Gruppentherapie zum Aufbau von Eigenwert und Abgrenzungsvermögen.

c. Chiron in den Zwillingen im 10. Haus:
Massagen (Zwillinge - Hände) zur Gelenklockerung und zur Lösung tief sitzender Blockaden, Rebalancing, Rolfing, Osteopathie; intensive Atemtherapie zum gleichen Zweck, zur Durchflutung mit Lebensenergie, um innere Versteifungen zu lösen; Gesprächstherapie zur klaren, konkreten Lebensplanung.

d. Chiron im Krebs im 8. Haus im Sextil zur Sonne in der Jungfrau:
tiefgehende emotionale Psychotherapie (Atem, Körper, Kunst, Trance) und Familientherapie; Tiefenforschung in den inneren Welten, den Gefühlsverdrängungen - all dies in Verbindung (mit anschließender) klarer geistiger Betrachtung, Reflektion und Analyse der Ergebnisse, was gleichzeitig zum Aufbau von Selbstbewusstsein beiträgt.

e. Chiron im Löwen im 12. Haus:
Kunsttherapie; Phantasiereisen zum Erfassen der individuellen Fähigkeiten; Kreativität einsetzen, um eigene feinstoffliche Heilmethoden zu entwickeln.

f. Chiron in Konjunktion zum Mond in der Jungfrau:
Analyse von Kindheitserlebnissen, Familienanalyse, Analyse der Mutterbeziehung wie auch des Zustandes des inneren Kindes; das innere Kind versorgen durch Sauberkeit, Aufgeräumtheit und innere Reinigung (auch von alten Reaktionsmustern); eine Arbeit im Bereich der Mondthemen ausüben.

g. Chiron in der Waage im Trigon zur Venus im Wassermann:
Heilweisen geistiger Natur oder Gruppentherapie, um in Kontakt mit dem Schmerz bzgl. Partnerschaft und Liebesfähigkeit zu gelangen, um seine Beziehungsmuster zu erkennen und sich von altem Ballast (veralteten Formen) zu befreien, von konventionellen Überresten, die nicht der freiheits- und distanzliebenden Natur entsprechen.

h. Chiron im Skorpion im 1. Haus:
Intensive Körpertherapie, die über die bisherigen Grenzen hinaustreibt (extreme Bioenergetik, Dynamische Meditation etc.), intensive Tantraübungen; Methoden, um zu

lernen, über den Körper und die Sexualität seine Kontrolle zu verlieren und in Kontakt mit seinen Verdrängungen zu gelangen.

i. Chiron im Schützen in Opposition zum Merkur in den Zwillingen:
Bewusstseinserweiterung, besonders mit religiösem Bezug; Bewusstseinswachstum durch Weiterbildung; ausländische Methoden - dies in Verbindung mit einem enormen Wissensdurst und geistiger/sprachlicher Arbeit; die höhergeistige Weite und Erfüllung findet - wenn auch im inneren Widerstreit - nur in Verbindung mit dem angehäuften intellektuellen Wissen statt, unter Einsatz von Vernunft und geistiger Analyse.

j. Chiron in Konjunktion zu Neptun im 10. Haus:
Visualisierungsübungen und/oder feinstoffliche Arbeit vor allem am Bewegungsapparat, beispielsweise Reiki, (Haupt-)Chakrenarbeit entlang der Wirbelsäule, Craniosacraltherapie; Blütentherapie für Saturnzustände.

k. Chiron im Wassermann im 3. Haus:
Rebirthing oder andere Arten der Atemtherapie in der Gruppe; Gesprächstherapie ohne festen Rahmen, mit viel Brainstorming; Selbstbefreiung durch Wissen und sprachlichen Ausdruck.

l. Chiron in den Fischen im 7. Haus im Trigon zum Mond im Skorpion:
alte Formen seiner Beziehungsmuster auflösen und dabei der Leidenschaft und Wandlungskraft in seiner Gefühlswelt gerecht werden; Methoden der emotionalen Psychotherapie, um seine Sehnsüchte und Träume in der Partnerschaft zu spüren und dadurch auch umsetzen zu können; Blütentherapie für Partnerthemen.

ÜBUNGEN B

1. a. Chiron von A im 9. Haus von B:
Der Chironpartner weckt alte Wunden des Misserfolgs, der Unzufriedenheit und der Leere, was den Sinn des Lebens betrifft, des Mangels an Bewusstheit, Bildung und der religiösen Eingebundenheit. Wird diese Interaktion bewusst angegangen, so können diese Verletzungen gemeinsam aufgearbeitet werden. Der Chironpartner kann seine heilenden Kräfte einbringen, um B wieder mehr Glauben an sich, an die Richtigkeit aller Geschehnisse zu vermitteln, um ihm zu helfen, eine positive, vertrauensvolle Erwartungshaltung dem Dasein gegenüber zu entwickeln. Ganz konkret kann er ihn auch bei Bildungsmaßnahmen und Expansionsbestrebungen unterstützen.

b. Chiron von A im 11. Haus von B:
Hier werden Wunden der Dauerdistanz, der Kälte, aber auch des Freiheitsmangels, des Gefühls der erstickenden Enge wieder in Erinnerung gerufen. B muss sich mit seiner rebellischen, freiheitsliebenden Seite auseinandersetzen. Es wird ihm schmerzlich bewusst, wie er schon seine Freiheitsflügel in den Lüften beschnitten bekam oder von Menschen abgeschnitten wurde, denen er sich verbunden gefühlt hatte. Der Chironpartner kann hier helfen, indem er Unabhängigkeit, Spontaneität und Abwechslung beim anderen fördert und zulässt, ihm bei seinem Prozess der Selbstbefreiung zur Seite steht.

c. Chiron von A im Trigon zur Sonne von B:
Der Chironpartner weckt alte Gefühle der Unsicherheit, des mangelnden Selbstbewusstseins, der Schwierigkeit, an seine Individualität heran zu gelangen und sie in einem kreativen Akt zum Ausdruck kommen zu lassen. Gleichzeitig ist er in der Lage, gerade auf diesem Gebiet Heilung zu

schenken und den Partner in seinen Betätigungen zur Selbstentfaltung zu unterstützen, ihn zu loben und zu ermutigen, immer weiter an der Umsetzung und Präsentation seiner einmaligen Fähigkeiten zu arbeiten.

d. Chiron von A im Quadrat zu Saturn von B:
Der Chironpartner ruft alte Wunden der Einsamkeit, Depression, Frustration und Ablehnung wach. Seine Art des Heilens steht in Spannung zu diesem Saturn und kann deshalb nicht so leicht angenommen werden. Dennoch wird er seine besonderen Qualitäten auf diesem Gebiet einsetzen können (müssen), um dem Partner zu helfen, dass er sich selbst stützen, strukturieren und anerkennen kann, bei der Umsetzung seines Ehrgeizes und seiner beruflichen Ambitionen. Vielleicht steht er selbst als Halt zur Verfügung, bis die Festigkeit von B so stark ist, dass er dazu keinen mehr braucht.

e. Chiron von A in Konjunktion zum Mars von B:
Hier wird an der Thematik Männlichkeit, Selbstbehauptung und Sexualität gekratzt. Der Chironpartner kann sich durch Einfühlungsvermögen und seine spezielle Art des Heilens in die Schwachstellen der Marsbereiche des anderen hineinfinden und ihn unterstützen, darin zu erstarken, seine wahre (Ur)Kraft zu spüren und in seinem Leben zum Ausdruck zu bringen.

f. Composit-Chiron im 3. Haus:
Der wunde Punkt wie auch der Faktor, der durch Heilungsprozesse die Verbindung enger zusammenschweißen kann, liegt hier in der Kommunikation, im Austausch, der geistigen Ebene. Hier muss besondere Sorgfalt angewandt und auf Projektionen und unnötige Schuldzuweisungen geachtet werden.

g. Composit-Chiron im 8. Haus:
Dasselbe gilt hier für den Sektor der gerne verdrängten Beziehungsseiten Eifersucht, Besitzergreifung, Dominanz, Manipulation, Gewalt, das daraus erwachsende Täter/Opferschema u.v.m. Diese und andere Schattenseiten in beiden Partnern und damit auch in der Beziehung müssen genau untersucht, erforscht, von gegenseitigen Projektionen befreit und aktiv integriert werden als Bestandteile einer festen, loyalen Beziehung, in der alles heilt, wenn Intensität und Wandlung möglich sind.

h. Combin-Chiron im Quadrat zum Combin-Mond:
die emotionale Ebene, das Kindsein, eine Familiengründung, die Noch-Verbundenheit mit Mutter und Heimat, die mütterliche, versorgende Weiblichkeit, die Zärtlichkeit stehen im Mittelpunkt, wollen besondere Zuwendung erfahren, da sie die Wunde, aber auch die verbindende Heilchance dieser Partnerschaft darstellen. Aufgrund des Spannungsaspektes fällt es schwerer als sonst, die Verletzung zu sehen und auch ihre Heilung in Angriff zu nehmen.

i. Combin-Chiron im Trigon zum Combin-Merkur:
berührt von Verwundung und Heilung werden hier sprachlicher Austausch, geistige Verbundenheit wie auch die Fähigkeit zu Vernunft und Analyse. Hier liegen die Schwachstellen dieser Beziehung und das Paar sollte sich besondere (Bewusstseins)Mühe geben und sich gegenseitig heilend zur Seite stehen, um auch die Partnerschaft so heil wie möglich werden zu lassen.

DANKSAGUNG

Auf dieser letzten Seite möchte ich mich noch herzlich für die Unterstützung bei der Erstellung dieser Ausbildungsreihe, die schon mehrmals überarbeitet und erweitert wurde, bedanken:

Bei meinen Eltern und Geschwistern, die mir auf meinem Lebensweg immer mit ganzem Herzen und jeder möglichen Unterstützung zur Seite gestanden sind und es auch immer noch tun.

Bei meinen Partnern und Freunden, die mich ebenfalls jeder auf seine Weise bei meiner Arbeit unterstützten.

Bei den unzähligen Astrologie-Autoren, die mir die Grundlagen dieser Wissenschaft vermittelt haben.

Bei meinen Klienten und den Teilnehmern an meinen Seminaren und Fernstudien, bei denen ich die reale Praxis der Astrologie erfahren, erforschen und erweitern durfte.

Als wichtigen Namen bei den Astrologen möchte ich Wolfgang Döbereiner nennen, dem ich die Grundidee des Herrschersystems und die Rehabilitierung Neptuns verdanke. Bei ihm machte ich den Einstieg (auch wenn ich heute nicht mehr mit seiner Rhythmenlehre arbeite) und kam so gar nicht erst auf die Idee, mich mit der traditionellen Astrologie zu befassen.

Als zweite wesentliche Adresse gilt mein Dank dem Hause Symbolon in Frankfurt (Ingrid Zinnel, Peter Orban und - musikalisch - Martin Orban, wie es lange zusammengesetzt war), dem ich den letzten Schub in Richtung meiner plutonischen Initiation und die „Personare" zu verdanken habe.

Danach möchte ich mich noch herzlich für die Anregungen zur Weiterentwicklung der einzelnen Grundenergien von Nicolaus Klein bedanken, die Balsam für mich waren, nachdem ich von der Reise durch meine innere Finsternis wieder aufgetaucht war.

Nach dieser Reise in das solare „es ist alles jederzeit durch Willenskraft und Einsicht möglich" danke ich der tiefen Inspiration durch die Initiatoren und Gestalter der systemischen Therapie und auch hier Peter Orban für seine Seelenreisen zu diesem Thema, dass sie mich wieder auf den Weg in mein lunares Inneres brachten und Respekt und Demut vor der Autarkie und Unbestechlichkeit der Seele lehrten. Dank dafür, dass ich diese Lücke in meinem Denk- und Wahrnehmungssystem schließen konnte und lernte, neue Heilimpulse für die Seele zu empfangen und zu geben.

Ganz besonderen Dank schulde ich meinen geistigen Helfern aus dem großen scheinbaren Nichts, die mir während der Monate langen, intensiven Arbeit so geduldig und weise, so verlässlich und liebevoll zur Seite gestanden sind - und allen Begegnungen und Ereignissen in meinem Leben, die ebenso weise und liebevoll in meinem Sinne aneinandergereiht wurden und werden, auch wenn ich diesen Sinn nicht immer gleich erkennen kann. Er ist da.

Beate Helm

ÜBER DIE AUTORIN

Beate Helm ist Heilpraktikerin und hat über 30 Jahre Erfahrung mit psychologischer Astrologie, feinstofflichen Heilweisen, Körper- und Energiearbeit und Meditation. Sie hat in ihrer Arbeit schon früh Methoden der systemischen Kurzzeittherapie und Horoskopaufstellungen eingesetzt. Ihr fundiertes Wissen hat sie in der vorliegenden Astrologie-Ausbildung strukturiert, spannend und gut verständlich zusammengefasst - für neugierige Laien und für erfahrene Astrologiebegeisterte, die ihre Methoden der astrologischen Arbeit erweitern möchten.

Weitere Publikationen im Satya-Verlag: Astrotherapie * Das Weib im Horoskop – Lilith und die Asteroiden * Astrologie und Meditation * Horoskope deuten * Das Mädchen Namenlos - Ein spirituelles Märchen * Bach-Blüten und Bewusstseinsarbeit * Kalifornische Blüten und Bewusstseinsarbeit * Bach-Blüten und kalifornische Blüten von A-Z – Kompendium * Was Sie schon immer über Astrologie wissen wollten.

Weitere Infos: www.satya-verlag.de

www.ingramcontent.com/pod-product-compliance
Lightning Source LLC
LaVergne TN
LVHW051748080426
835511LV00018B/3260